定年いたしません！

「ジョブ型」時代の生き方・稼ぎ方

梅森浩一

光文社新書

はじめに

それは、ある日突然、やってきた

私は最近、「75歳になったら、もうこの世の中にはいない」という人生の予定を立てました。

じつはこの「予定」、私が40代の頃は「70歳が予定」でしたから、それに比べるとすでに5歳も延びたことになります。

私は、この「予定」や人生の行く先について、たびたび真剣に考えてきましたが、その都度、いろいろと詰めが甘いことに気がついていました。それと同時に、次のような自問自答も繰り返してきました。

「とはいえ、ただ長生きできるだけでも、自分の人生は幸せといえるのではないのか？」

この自分自身への問いかけに対して、私は即座に「その通り！」と答えたものでした。なぜなら、私は58歳の時に「初期の前立腺《ぜんりつせん》がん」に罹患《りかん》した経験があり、その時すでに主治医に、自分の余命はどれだけなのか、質問をした経験があるからです。

その経験から、それ以降の私は、「自分の寿命」――つまりここでいう「予定」について、より一層真剣に考えるようになりました。

幸いにして、初期の段階で見つけることができた私のがんは、5年以上経った今なら「ほぼ寛解した」といえます。ですから、前述したように「生きているだけで幸せだ」と思うのは本音からなのです。

ただ悲しいことに、その後の私は、右目に網膜剥離《もうまくはくり》の症状が出たり、それに伴う処置のために大学病院に手術入院をしたりと、「次はどんな重い病気にかかるのか？」と、内心ビクビクしながら生活しているのも事実です。

加えて、たとえば社会人になってすぐの頃ですが、左胸の肺がすべて潰れてしまう「自然気胸《ききょう》」という病気にかかり、それからも、「いちいち病名を挙げ始めたらキリがない」ほど、大小さまざまな病気に悩まされ続けた経緯があります。

そういった病歴と加齢から、ごく自然に「自分の予定（寿命）は、長くて70歳ぐらいまでだろうな……」と想像し、そこまで何とかなる蓄えがあればいいだろうと考え、呑気《のんき》に生活してきたというのが実情です。

そんなある日のことです。やはり私にも「定年」はやってきたのです、しかもそれは、「ある日、かなり突然に」やってきたのです。

——えっ、「定年が突然やってきた」って、そんなの事前に分かっていたはずでしょう？だって、あなたは長年「人事部長」をやっていたはずなのに、おかしくないですか？

あなたが抱いた私へのその疑問は、もちろん自然なものといえます。ただし、その日（定年）が、まるで突然やってきたように感じたのは、次のような事情からなのです。

「その日が来ることは、もちろん頭では分かっていたのだが、長年わざと気づいていないフリをしてきた」。——その結果、あたかも「突然やってきた」かのような気分を、その日の私は実体験することになった、というわけです。

――ところで、その「気づいていないフリ」って、どういう意味なの？

現役バリバリの「あなた」なら、私の気持ちを少しは分かってもらえるかもしれません。

（本書では、仮に中心読者〔あなた、みなさん〕として、30～40代のビジネスパーソンを設定します。とはいえ、50代以降の方々にも、またすでに定年した方にも、役立つ内容が含まれていることは間違いありません。）

つまり、毎日忙しく働いていると「この先の定年のことなんて、今の段階で真剣に考える暇がない」。そしてそのように振る舞い続けた結果、あたかも突然「その日」を迎えたかのように思える、ということです。

実際に、今30～40代の働き盛りのあなたにしてみれば、60～65歳という「かなり先のこと」を今のうちから真剣に考えることは、そうたやすいことではありません。

しかし、自分ごとであっても、その日が来るまでは「まるで他人事《ひとごと》のよう」なその「定年」は、着実に私たちに近づいてきています。

とても大事な「自分ごと」であるにもかかわらず、まるで他人事のように振る舞ってきたのはなぜなのか、その理由を一言でいうならば、「現実を直視するのが怖かった」からだと、今の私ならはっきりと認めることができます。

「ああ、忙しい」と、もっともらしい言い訳をふりまきながら、「その日」が本当にやってくるまで「見ないフリ」「気づかないフリ」をし続けた結果、「突然その日がやってきた」となるわけです。

それは決して、私だけに起きたこととは思えません。あなたもきっと、これまで、やれ「忙しい」「今が大切」と、私と同じように「言い訳のオンパレード」を繰り出しながら、さまざまな現実から逃げてきたこともあったはずです。

私のように「突然その日がやってきた」とならないためにも、「あらかじめ知っておきたかった」ことや、「今からでも遅くないよね」といったアドバイスを、前述したように過去の自分の行ないを、心の底から後悔している私から、「今ならまだ間に合う」あなたに向けて上梓《じょうし》したのが、本書となります。

私の予定（寿命）をどう決めるか？

ちなみに、冒頭で私の「予定」（寿命）について触れましたが、その日を決めるにあたって、参考にさせていただいた一冊の本があるので、ここにご紹介しておきます。

それは、ドイツ文学者の故・池内紀《おさむ》先生の『すごいトシヨリＢＯＯＫ――トシをとると楽しみがふえる』（毎日新聞出版）という本なのですが、その中で先生は、次のように話されています。

> ちょうど七十歳になった時のこと。僕は市販の手帳を買ってきて、最初のページに「すごいトシヨリＢＯＯＫ」と書きました。そういうタイトルをつけて、周りに七十の黄色い星をちりばめた。（中略）
> さらに星を七つ書き加えて、「七十七には世の中にいない」という「予定」を立てました。普通は生きていることを前提にして予定を立てるのでしょうが、僕はむしろ、「もういない」という前提のほうが行動しやすいと思った。

ここからヒントを得て決めたのが、冒頭でご紹介した「私の予定」なのです。

なお池内先生は、ご自身が予定した77歳の翌年にお亡くなりになっています。それは、いみじくも「ほぼ正確に言い当てた、自身の予定（寿命）」として、たとえそれが偶然だとしても、私の心に深く刻み込まれたのです。

「自分はいったい何歳まで生きるのだろうか？」という、どこまでいっても「決して正解が出ない命題」に、それこそ人は亡くなる日まで、悩まされ続けます。

そして、「その日」をいつと考えるかが、自身の「定年」や、その後に続く「老後」にまつわる諸問題に、大きく影響してきます。

つまり、正確な「死亡日」を知ることができない、そんな私たちが、どうやって「少しでも納得できる自分の予定の日」を定めるか、ここに多くのことが関わってきます。

多くの人が自身の「予定」の参考にするものに、いわゆる「平均寿命」があります。たとえば「男性は81・05歳」「女性は87・09歳」といったものです。この平均寿命ですが、「自分が0歳時における平均余命」を意味しますから、たとえば私のように「すでに66歳まで生きてきた男性」の余命とは、当然ズレが生まれます（資料1・資料2、次頁）。

ちなみに、私が生まれた昭和33年時点での平均余命は64・98歳でした（資料3、12頁）。ですから、すでにその歳《とし》を超えた66歳の私の場合は、いわゆる「そこそこ、長生きをしている男性」といえます。

ただこれは、あくまでも「平均値」でのお話ですから、不幸にしてその「平均まで到達し

資料1　主な年齢の平均余命

(単位：年)

年齢(歳)	男			女		
	令和4年	令和3年	前年との差	令和4年	令和3年	前年との差
0	81.05	81.47	△0.42	87.09	87.57	△0.49
5	76.25	76.67	△0.42	82.28	82.76	△0.48
10	71.28	71.70	△0.42	77.30	77.78	△0.48
15	66.31	66.73	△0.42	72.33	72.81	△0.48
20	61.39	61.81	△0.42	67.39	67.87	△0.48
25	56.53	56.95	△0.42	62.48	62.95	△0.47
30	51.66	52.09	△0.43	57.56	58.03	△0.47
35	46.80	47.23	△0.43	52.65	53.13	△0.47
40	41.97	42.40	△0.43	47.77	48.24	△0.46
45	37.20	37.62	△0.42	42.93	43.39	△0.46
50	32.51	32.93	△0.42	38.16	38.61	△0.45
55	27.97	28.39	△0.43	33.46	33.91	△0.45
60	23.59	24.02	△0.43	28.84	29.28	△0.45
65	19.44	19.85	△0.41	24.30	24.73	△0.43
70	15.56	15.96	△0.41	19.89	20.31	△0.42
75	12.04	12.42	△0.38	15.67	16.08	△0.41
80	8.89	9.22	△0.33	11.74	12.12	△0.38
85	6.20	6.48	△0.29	8.28	8.60	△0.32
90	4.14	4.38	△0.24	5.47	5.74	△0.27

資料2　平均寿命の年次推移

(単位：年)

和暦（年）	男	女	男女差
昭和22	50.06	53.96	3.90
25-27	59.57	62.97	3.40
30	63.60	67.75	4.15
35	65.32	70.19	4.87
40	67.74	72.92	5.18
45	69.31	74.66	5.35
50	71.73	76.89	5.16
55	73.35	78.76	5.41
60	74.78	80.48	5.70
平成 2	75.92	81.90	5.98
7	76.38	82.85	6.47
12	77.72	84.60	6.88
17	78.56	85.52	6.96
22	79.55	86.30	6.75
27	80.75	86.99	6.24
令和 2	81.56	87.71	6.15
3	81.47	87.57	6.10
4	81.05	87.09	6.03

注：1）令和２年以前は完全生命表による。
　　2）昭和45年以前は、沖縄県を除く値である。

出所：厚生労働省「令和４年簡易生命表の概況」より
https://www.mhlw.go.jp/toukei/saikin/hw/life/life22/index.html

ないケース」だってあるわけです。参考までにいうと、私の年齢の場合では、すでに約１割の同年齢の男性が亡くなっています（資料４、14頁）。

さて、私のこの先の人生は、絶えず「平均余命」のどちら側に転ぶのか（つまり平均以上に生きるのか、反対にそれ以下で終わるのか）、となります。私の「定年」である65歳に、その年齢での「平均余命」である19・４４歳をプラスすることで、「約85歳というのが私にとっての予定」であることが分かります（資料１）。

これも、自分の「予定」を想定する際の一つの目安となりますし、それと同時に、「人生１００年」といった文句は、この先の私にとって非現実的であることも分かります。

前述した池内先生の場合を考えてみても、男性の70歳時点における「平均余命」は15・５６歳ですから、先生自らが定めた「予定」である77歳と比べてみると、結果として「予定される日は、平均余命のおよそ半分ぐらい」だったことが分かります。

私の場合も、実際の年齢に対する「平均余命の半数」を自らの「寿命」と想定した上で、その日を「予定」と考えてみるのも、一つのやり方かもしれません。

ちなみにこの「平均余命の半分」という考え方は、経済アナリストの森永卓郎さんが著書『長生き地獄――資産尽き、狂ったマネープランへの処方箋』（角川新書）の中で主張されて

資料3　主な年齢の平均余命の年次推移（1947~69年生まれを抜粋）

（単位：年）

	年次		0歳	20歳	40歳	65歳	75歳	90歳
	西暦（年）	和暦（年）						
男	*1947	*昭和22	50.06	40.89	26.88	10.16	6.09	2.56
	48	23	55.6	43.6	29.1	12.0	8.0	…
	49	24	56.2	44.3	29.2	11.7	7.6	…
	50	25	58.0	45.3	29.4	11.5	7.6	…
	*1950-1952	*25-27	59.57	46.43	29.65	11.35	6.73	2.70
	1951	26	60.8	47.9	31.4	…	…	…
	52	27	61.9	48.0	30.9	12.5	8.4	…
	53	28	61.9	48.0	30.6	11.9	7.6	…
	54	29	63.41	48.87	31.45	12.88	8.20	…
	*1955	*30	63.60	48.47	30.85	11.82	6.97	2.87
	56	31	63.59	48.21	30.45	11.36	6.26	…
	57	32	63.24	47.87	30.04	11.01	6.27	…
	58	33	64.98	49.19	31.29	12.12	7.33	…
	59	34	65.21	49.31	31.30	11.91	6.81	…
	*1960	*35	65.32	49.08	31.02	11.62	6.60	2.69
	61	36	66.03	49.58	31.44	11.88	6.69	…
	62	37	66.23	49.44	31.19	11.55	6.33	…
	63	38	67.21	50.10	31.79	12.10	6.84	…
	64	39	67.67	50.33	31.96	12.19	6.92	…
	*1965	*40	67.74	50.18	31.73	11.88	6.63	2.56
	66	41	68.35	50.78	32.33	12.42	7.11	…
	67	42	68.91	51.06	32.56	12.50	7.11	…
	68	43	69.05	51.17	32.61	12.48	7.03	…
	69	44	69.18	51.24	32.71	12.53	7.11	…
女	*1947	*昭和22	53.96	44.87	30.39	12.22	7.03	2.45
	48	23	59.4	47.3	32.5	14.2	9.3	…
	49	24	59.8	47.9	32.6	14.0	8.9	…
	50	25	61.5	48.7	32.7	13.9	9.0	…
	*1950-1952	*25-27	62.97	49.58	32.77	13.36	7.76	2.72
	1951	26	64.9	51.9	35.4	…	…	…
	52	27	65.5	51.4	34.2	14.8	9.8	…
	53	28	65.7	51.4	33.9	14.2	9.1	…
	54	29	67.69	52.86	35.22	15.00	9.24	…
	*1955	*30	67.75	52.25	34.34	14.13	8.28	3.12
	56	31	67.54	51.92	33.85	13.54	7.61	…
	57	32	67.60	51.48	33.39	12.93	6.90	…
	58	33	69.61	53.48	35.23	14.71	8.93	…
	59	34	69.88	53.45	35.08	14.37	8.28	…
	*1960	*35	70.19	53.39	34.90	14.10	8.01	2.99
	61	36	70.79	53.72	35.10	14.10	7.77	…
	62	37	71.16	53.85	35.15	14.09	7.76	…
	63	38	72.34	54.70	35.89	14.70	8.33	…
	64	39	72.87	54.99	36.11	14.83	8.42	…
	*1965	*40	72.92	54.85	35.91	14.56	8.11	2.96
	66	41	73.61	55.53	36.55	15.11	8.62	…
	67	42	74.15	55.82	36.79	15.26	8.69	…
	68	43	74.30	55.93	36.86	15.26	8.61	…
	69	44	74.67	56.24	37.17	15.51	8.89	…

出所：厚生労働省「令和４年簡易生命表の概況」より
https://www.mhlw.go.jp/toukei/saikin/hw/life/life22/index.html

いる、「65歳の男性が平均余命を全うし、85歳まで到達する確率は53・2％」とする考え方にも、偶然なことに合致しています。

もしその考え方が、より現実的な想定方法だと仮定した場合、前述したように65歳男性の平均余命は19・４４歳なわけですから、その半分ぐらいの10歳を、現在の年齢である65歳にプラスした75歳をもって私の「予定」と考えるのも妥当なのかと思えてきます。

悔いのない人生を送るための仕事とお金

さて少し話が長くなりましたが、それやこれや、いろいろなことを勘案した結果が、冒頭でご紹介した「私が75歳になったら、もうこの世の中にいない」と仮定した根拠なのです。

そうして自分の寿命の「予定」が立ったら、次の関心事は自然と、「その歳までを、どう過ごすか」に移ります。

確かに、この歳になってもまだ、「理想の一戸建てを建築する」に始まり、もっと美味《おい》しいものが食べたい、そうだ、あそこに行きたい、これが欲しいと、欲望は枯れるどころか、ますます湧き出ているというのが、正直な今の私の姿です。

当然、それらの、欲望というよりむしろ妄想と呼ぶべき数々が、自分の中で膨らめば膨ら

資料４　生命表上の特定年齢まで生存する者の割合の年次推移

（単位：%）

和暦（年）	男					女				
	40歳	65歳	75歳	90歳	95歳	40歳	65歳	75歳	90歳	95歳
昭和22	68.0	39.8	18.5	0.9	0.1	70.9	49.1	29.0	2.0	0.2
25-27	81.8	55.1	29.4	2.0	0.3	83.2	62.8	40.5	4.0	0.6
30	87.0	61.8	34.6	2.7	0.5	89.0	70.6	47.6	6.2	1.3
35	89.7	64.8	36.1	2.3	0.4	92.2	75.2	51.5	6.0	1.2
40	92.6	69.1	39.9	2.3	0.3	95.0	80.0	57.1	6.5	1.2
45	93.7	72.1	43.5	3.5	0.6	96.1	82.6	61.2	8.6	1.9
50	95.1	76.8	51.0	5.4	1.1	96.9	86.1	67.8	12.0	2.9
55	96.1	79.4	55.7	7.1	1.5	97.6	88.5	72.7	16.0	4.2
60	96.7	81.1	60.2	9.4	2.2	98.0	90.1	76.9	21.2	6.4
平成2	97.1	82.6	63.0	11.6	3.0	98.3	91.3	79.8	26.3	9.0
7	97.2	83.3	63.8	12.8	3.4	98.4	91.6	81.2	30.9	11.9
12	97.5	84.7	66.7	17.3	5.7	98.6	92.6	83.7	38.8	17.7
17	97.7	85.7	69.3	19.3	6.5	98.7	93.1	85.1	42.7	20.8
22	97.9	87.0	72.2	21.5	7.3	98.8	93.6	86.5	46.2	22.8
27	98.2	88.8	74.6	24.9	8.6	99.0	94.2	87.7	49.1	24.5
令和2	98.4	89.7	76.0	28.1	10.5	99.0	94.6	88.4	52.6	27.9
3	98.4	89.8	76.0	27.5	10.1	99.0	94.6	88.3	52.0	27.1
4	98.4	89.6	75.3	25.5	8.7	98.9	94.4	87.9	49.8	25.0

注：１）令和２年以前は完全生命表による。
　　２）昭和45年以前は、沖縄県を除く値である。

出所：厚生労働省「令和４年簡易生命表の概況」より
https://www.mhlw.go.jp/toukei/saikin/hw/life/life22/index.html

むほど、「先立つもの（お金）」がない現実に直面することになります。また、それと同時に、日々「深いため息」をつくようにもなりました。

この、私がこの世の中からいなくなる「予定」である75歳という年齢は、前述した経済アナリストの森永さんが主張する「生き残り確率」によると、まだ85・1％の確率で「生存している」のだそうです。

もしそれが、当たっているとするならば、私の「予定」である75歳の時点で「金融資産がゼロとなるような予定」を立てていたのでは、その後にかなりの可能性で「自己破産する」ことを意味します。

加えて、前述した森永さんの「生き残り確率（男性）」では、10ポイント以上ガクンと落ち、かつフィフティ・フィフティの確率になるのは85歳とのことですから、75歳から85歳までのどこかの時点で「予定」を迎えると考えて、経済的な準備を進めておく方が、より現実的であることにも気がつきます。

したがって、金融資産ゼロになるのを、「85歳まではなんとしても避ける」ことを目的とした、新たなファイナンシャル・プランニングをしてみました。その結果は、次のようなものです。

【計算前提】

私の予定する75歳までの10年間に加えて、最大可能日として考えられる85歳までの10年間に最低限必要な金額

【計算式】

（80万円／月×12カ月＝９６０万円（１年間の生活費））×（「予定までの10年間」＋「最大可能日までの10年間」＝20年間）×０・８（現在の生活レベルと、20年先に向かって徐々に下がる生活レベルを平均した係数）＝１億５３６０万円

実際にはここから、この先20年間に私が受給を予定している厚生年金の約４８００万円を差し引いた、残りの約1億円を「なんとか自助努力で確保する必要がある」ということが分かります。

しかもそれは、右の式に書いたように「現在の水準の80%（×0・8）」、つまりそれなりに倹約をする前提であることと、加齢に伴い「自然と活動レベルが低下する」ことを想定した係数を用いて計算した結果なのです。

これが、世間でいうところの「不足する２０００万円問題」の、私バージョンにおける「不足する年金金額」となります。果たして月80万円（減額して64万円）の生活費、「高すぎる」と思われるでしょうか？　いやいや、これが私の本音からきた現実の「生活費」なのですが、みなさんの「本音の金額」はいくらぐらいなのでしょうか？

ちなみに、「定年」した時点での私の手元現金の総額は、ほぼ２０００万円程度でしたので、その「圧倒的な不足部分」を確保するために、選択肢として、次のような「二者択一」が考えられました。

①思いっきり生活費をダウンサイジングして年金（月額約20万円）の範囲内で生活をし、
　足りない部分を手元の現金の２０００万円から補填《ほてん》する。
②足りないのなら、それを補う方法を考える。

私が出した結論は、②の方法、すなわち**私は「定年」しないで、この先もずっと働き続ける（働き続けなければならない）**、というものです。

もちろんそれが可能となるには、まず「就職先を見つける」ことが前提となりますし、何よりも「気力・体力が持続して充実していること」が必要です。

――でも、いったいそれをどうやって担保《たんぽ》すればいいのか。そもそもそれって単なる「絵に描いた餅《もち》」に過ぎないのではないのか……。

はい、そうした問いもまた、これからの本格的な「ジョブ型」時代に、あらかじめ考えておくべき「キャリアプラン」と、いずれやってくる「定年」について、本書で触れておきたいと考える一つのきっかけとなった疑問といえます。

むろん、勤め先の会社の規模が大きく、関連会社や子会社が多い方の場合は、ひょっとしたら、「天下り」とはいいませんが、「転籍」「再雇用」の選択肢があるので、「自分の場合は特に心配ない」と思うかもしれません。また、事実その通りでしょう。

ただ、そんな恵まれた環境にいたとしても、これから迎える第二・第三の人生では、「もっと自分のやりたいことをしたい」と考える方も少なからずいらっしゃるのではないでしょうか？　すると自然に、次のような問いが、ご自身の頭の中に浮かんできませんか？

——もうこれからは、できるだけ「悔いのない人生」を送りたい。でもどうしたら実現できるのだろうか？

この私にしても、これまで「後悔だらけの人生」を送ってきましたから、人様に偉そうなことは言えません。

正直に告白すれば、私は想像以上の「見栄っ張りの〇《まる》ビ」（この意味は後述します）な性格の持ち主です。でも、そんな私からのアドバイスでも、少なくともいわゆる「反面教師」としてなら、十分にお役に立てる自信があります。

確かに私の「定年」にいたるまでのキャリアは、決して順風満帆なものではありませんでしたが、そんな私だからこそ語れることもあります。「定年しない！」と決めた私の、いったい、どこがどうお役に立てるのか。さっそくご紹介を始めることにいたします。

定年いたしません！　目次

第5章 「クラス分け」と「老後のお金」のお話 156

本文図版作成・キンダイ

第1章　それって、私の仕事ですか？

1　『「クビ!」論。』って、ご存じでしたか？

かれこれ今から20年以上前のことです。外資系企業での雇用、具体的には「クビ！」にまつわる一冊の本が、日本の大手新聞社から出版され、その当時はたいそう評判になりました。本のタイトルは、『「クビ！」論。』といい、その著者が私となります。

今もネットで検索をすると、その時に各種メディアで紹介されたレビュー記事を見ることができます。それはちなみに、次のようなものです。

著者は元外資系人事部長。15年間、４つの企業に勤める間に「クビにした」社員は１０００人を超えたという。本書はこうした体験を基に記した異色の雇用論である。（中略）著者は日本企業で「リストラ」「早期退職」「雇用調整」などの名の下に吹き荒れている安易な解雇を厳しく批判する。人材の流動化と実務の効率化という本来の目的ではなく、目先の業績向上のみに関心を持っているため、一番重要な「持続する改革」に至らずに終わっているというのである。

「リストラする側」のノウハウ集としてだけでなく、「される側」がどんな権利を主張し得るのかを知るうえでも有用な１冊と言えそうだ。

（『日経ビジネス』２００３年７月21日号）

今回、この『「クビ！」論。』から20年を経て上梓する運びとなった本書は、これまでの豊富な「ジョブ型」雇用制度の体験者である私からの、今を生きるみなさんへの、雇用・転職ならびに給与に関して、今すぐに知っておきたい知識のみならず、いずれはやってくる「定年」を安心して迎えるにはどうしたらいいのか、（プラス、定年したくない場合にはどうしたらいいのか）までを網羅した、総合的な人事アドバイスが満載な一冊のつもりです。

ちなみに『「クビ！」論。』は、発売直後からじつにさまざまなご意見を読者の皆様から頂戴いたしました。今だからいえることですが、当時の私は、同書の評判の助けを借りて、著述業と同時に人事コンサルティング業へと、まさに「幅広い転職の機会」を狙っておりました。でも、そんな私の気持ちは、やはり見透かされていたと今にして思います。

たとえば、同書で使った宣伝用キャッチコピーの一つに、「**クビキラーと呼ばれた男**」というのがありました。実際には一度たりともそう呼ばれたこともない「和製英語」を、軽い気持ちで使ったりもしましたが、やはり人は見ているものです。

それが証拠に、そんなキャッチフレーズを使って読者から呼ばれたことは一度もありませんでした。この機会に、その時に私がついた「ウソ」を、心からお詫《わ》びしておきたいと思います。

とはいえ、だからといって、「それなら〝１０００人をクビにした〟というのも、やはり大げさな数字だったのか？」と問われれば、そこには一切のウソはありません。

もちろん、その当時の私が、日々「９９８、９９９、１０００……」と、クビにした社員の人数を勘定していたわけではありませんから、一桁にいたるまで正確な数字かと問われれば、次のようにお答えするしかありません。

「はい、その通りです。正確な数字までは勘定しておりませんが、少なくとも１０００人以上の社員を『クビ！』にしたことは事実です」

実際、その当時の読者の中には、たとえば「個々人の能力や実績を勘案もせず、ただ大量に『クビ！』だなんて、なんてひどい人だ」と思われた方も、少なくなかったようです。もっとも、その感想自体は「全くの的外れな指摘だ」とは言いきれません。

確かにこの１０００人もの「クビ！」切りは、そのような個々人の能力・実績云々《うんぬん》とは無関係だったからです。だからこそ可能だった１０００人だったのですが、その当時はまだ、後述する「ジョブ型」雇用制度が日本企業では一般的ではありませんでした。

ですから、その当時の読者にとって、この１０００人という数字は、あまりにも非日常的な、「外資系特有の出来事」として捉えられたとしても、無理のない話でした。言い換えれば、そうとしかまだ理解できなかった時代なのです。

ただ、それから20年が経った今なら、つまり「ジョブ型」がそれなりに普及してきた状況であれば、以前よりも身近に、より自分のこととしてご理解いただけるのでは、と思い始めています。

ちなみに、みなさんのお勤めの会社の中でも、すでにこの「ジョブ型」が導入された会社もあるでしょうし、「ウチはまだ以前のままです」という会社も多いかもしれません。
ただ、「外資化」した会社の中でも、よくよくその中身を見てみると、それは「日本式ジョブ型」という、いかにもコンサルティング会社が喜びそうなネーミングを持つ、いわば「ハイブリッド型」での導入事例が散見できます。こうした状況からは、本格的な導入にはまだまだ時間がかかるように見受けられます。

　こうした状況の中で、正真正銘の「ジョブ型」が当然である外資系で長く勤務してきた私としては、今の30～40代のサラリーパーソンに向けて、今のうちにできる限りアドバイスをしておきたいという思いに、いつしか囚《とら》われてきたのです。なぜなら、この私は、みなさんから見れば、いわば「近未来の雇用制度の世界」から、プチ・タイムマシーンでやってきた人間ともいえるからです。

　そしてまた、みなさんが「定年」を迎える65歳、ないしは70歳までには、おそらく日本の主だった企業では、この「ジョブ型」雇用制度に移行していると確信しているからでもあります。

　という思いから今回本書を書いているわけですが、もちろん、20年前に私の前作をお読みくださった、当時40代のみなさんにも、今まさに迫り来る「役職定年」「希望退職」「早期退職」、そして「クビ！」にいたる、すべての大事な局面ごとに、十分にお役に立てる自信があります。

また『「クビ！」論。』同様に、本書の内容は、企業経営者、人事担当者、ならびに労組幹部の方々にいたるすべての方々に、お役立ていただけるものと確信しております。

とどのつまり、「あなた」一人のみならず、「みんな」にとって、これからのサラリーパーソン・キャリアと、それに続く「定年後の生活」を、今のまだ余裕が残っているこの時点で、一緒に考える機会を提供したいと思い筆をとったのが、本書なのです。なぜなら、「今のあなたならまだ間に合う」と確信しているからです。

2　思っていたのと違う

実際に「ジョブ型」雇用制度が職場に導入されると、「それは外資での話」と安穏《あんのん》としていた方も、いよいよこれまでのようにはいられなくなります。

ただ「それ」は急にやってくるわけではありませんので、過剰に心配することはありませんが、時としてその流れが早まることもあり得ますから、少なくとも今日のこの段階で「心の準備」だけはしておくべきです。ここからは「それ」がやってきた時に、「あれ、思っていたのと違う」とならないようにするには、どうしたらいいのかについて触れておきます。

○これまでリストラをしたことがない。
○完全な年功序列賃金である。
○外資系と違い「終身雇用制度」で、「クビ！」はしたことがない。

きっとあなたは、このいずれか、もしくは全部に当てはまる会社に自分がいると疑いもせずに、これまで過ごしてきたことでしょう。

ですがここで「ジョブ型」が導入されたと仮定すると、よく耳にする「会社は今までより簡単に『クビ！』をしやすくなるのでは」という疑問と直面することになります。

その疑問に対する私の答えですが、それは「Yes, but No」、つまり「そうでもあり、そうでないともいえる」という玉虫色の答えとなります。

まず「イエス」とした理由から説明しますが、「ジョブ型」、つまり「外資系」でクビ切りが行なわれる際の理由は、おおむね次の一つに決まっています。それは、「あなたのポジションが影響を受けるから」。つまり、あなたにやってもらう仕事がなくなるから「クビ！」にしますという理由を、根拠としています。

したがって、もしあなたの会社で「ジョブ型」導入後に、何らかの理由で、「あなたのポジション」がリストラされることになる、もしくはあなたがそのポジションで求められる業績を残せないとすると、それは以前とは比較にならないほど「クビ！」の対象となることを意味します。

さらにもしそれが、あなたを狙い撃ちにするようなケースだとしたら、会社はできるだけ合理的な理由を見つけて、あなたのポジションが不要となるように動くことでしょう。

そうしたことから、私の答えは「イエス」となるのですが、他方の「ノー」とした理由もあります。

それは、今の50代、60代の方なら「それから逃げ切る」ことも可能だからです。なぜなら、これは日本企業の強みでもあり弱みでもあるのですが、「意思決定に時間がかかる」ことがおそらく幸いするからです。したがって、その前提における私の答えは「ノー」となるのです。

ただその場合でも、せいぜい10年、20年の一時的な猶予《ゆうよ》期間が生まれるに過ぎませんし、もしも今の「あなた」が、40代以下なのだとしたら、前述したような「クビ！」に出会う可能性は「より高い」といえます。

さらにその先に待ち構える「定年」までの道のりは、これまでよりもかなり険しいものとなるでしょう。それが「なぜなのか？」についてお話しする前に、ひと足先に「定年」を迎えた私のケースをご紹介することから始めていきたいと思います。

3 「妬《ねた》み、うらやみ、嫉《そね》み」

私はこれまで、「定年」というタイトルがついた書籍を、おそらく誰よりも読み漁《あさ》ってきたと思っています。あれは私が、昨年65歳で定年を迎えるよりだいぶ前の出来事です。いつものように立ち寄った駅ビルの中にある書店の新書売り場で、それまでは手にすることがなかった「定年」にまつわる新書のタイトルが、なぜかその日だけは私の目に飛び込んできました。そしてふと気がつくと、その本を持ってレジへと向かっていたのでした。今にして思えば、それが私にとっての「定年」との長い付き合いの始まりだったといえます。

さて自宅へ戻って読み始めた、初めての「定年本」の感想はというと、「どうしてこの著者は、ここまで他人の『定年本』をボロクソに言うのか」といったものでした。後になって分かったのですが、どうやら私が人生で初めて手にしたその「定年本」は、いわゆる他人の揚げ足取りをして注目を集めるスタイルの本だったようです。

「それができるなら苦労はない！」

そういったかなり手厳しい批評がベースになっていますから、私の率直な読後の感想も「どうしてそこまで感情的に他人（の本）を批判するのか？」となります。

そんな風に自分の感情を剝《む》き出しにした著者に、失礼ながらいくばくかの哀れみも感じてしまい、私にとっての「定年本」への第一印象は、決してポジティブなものでなく終わった記憶があります。

それからずいぶんと月日が流れ、いざ自分が本当に定年を迎えるとなると、正直、何をどこから、どう過ごしていけばいいのか、狼狽《うろた》えてしまったのです。そうしてあの日以来、おそらく意図的に避けてきていた数々の「定年本」を再度手にしてみると、「定年本」には思いのほか種類があり、「けなし本」のみならず、「少ない年金でどう暮らすか」に始まり、「これまで地域社会とのつながりを持たないできたあなたへ」といったものまで、さまざまな「定年後」にまつわる本が存在することに気がついたのです。

そうなるともう止まらなくなるのが私の悪い癖です。それからは文字通り、片っ端から

「定年」や「年金」などに関連する本を読み進めていきましたが、そうこうしているうちに、ふと自分の中に生まれたある感情に気がついたのでした。

「そんなこと、いちいちあなたに言われなくてもよく分かっているよ！」

　それはまさしく、以前感じた「定年本」の著者の中の「ネガティブな感情」と同じものが、「自分の中でも芽生え始めている」ことに気づいた瞬間でした。

　今回、本書が扱う大事なテーマである「定年」に関して、私がまず自問自答したのは、「私もなぜそう思う（ネガティブな感情を抱く）ようになったのか」でした。すると、すぐに次のような思いが浮かんできたのです。

「それって、自分より幸せそうな定年退職者が、ただうらやましいだけではないのか？」

　こういった「妬《ねた》み、うらやみ、嫉《そね》み」といった感情を他人に対して抱くのは、ひとり私だけではないでしょうし、無理やり自分の素直な感情にフタをしたところで、やはり意味のないことだと思います。

　むしろこの際、どうして自分自身もそういった「ネガティブな感情に囚われてしまったのか」を、この機会に考えてみました。するとあることに気がついたのです。それは、自分も含めて定年者の「不満」や「不安」というものは、よくある「お金の不安」や「健康」といったメジャーなものだけではなく、「最近悪い夢ばかり見る」「夜中にしょっちゅう目がさめる」といったものまでを含めて、じつに複雑で多くが混ざり合ったものだということです。たとえば、「定年者の不安や不満の内容について」というタイトルで、その回答の内容の割合を「円グラフ」にして紹介されているのを最近よく目にします。

当たり前といえば当たり前ですが、「お金」がトップとしてランクインし、それに続いて「健康」さらに「孤独」が続くといった「お決まりのグラフ」がほとんどです。

もちろん回答は複数可でなければなりませんし、実際の定年者が感じている不安や不満はこれらの「すべて」であって、どれが1位とか3位といったものではなく、「不安の度合い」を表しているに過ぎません。

たとえば「お金が不安」と感じている人にとって、収入の少なさを補うための「仕事」も同じく大切であるのと同時に、その仕事に就けるかどうかも、これまた「不安」の一つとなります。もちろんそのための「健康」だって大切ですし、そうなると病気にならないか「不安」だといった具合です。

また、多くの「定年本」で見かけるのが、「お金の問題は十人十《と》色《いろ》の問題なので自己責任で」といったコメントですが、正直それでは「答えになっていない」「それが知りたくて読んでいるのに」という思いになります。前述した辛口の著者と同様に「これでは役に立たない」と判断している私に気がついたのでした。

もちろん私にしても「お金の問題は人それぞれです」なことぐらい分かっています。たとえば「年金支給額」がそのよい例です。全対象者に一律での支給とはなっていませんから、現役時代にどこで、どのぐらい納付してきたかによって支給額がバラバラですし、また、人によって蓄えもさまざまです。

また、例の「２０００万円問題」（年金だけでは足らないことから、自助努力で別途２０００万円用意しておくこと）にしても、ある人にとってその２０００万円はいともたやすく用意できたとしても、おそらく大多数の人にとって「それは無理」な相談かもしれません。

さらに、もし仮に用意できたとしても、実際にはその2倍、3倍の金融資産がなければ、早晩「足りなくなる」のが目に見えている。するとあなたはこう思うはずです。

――これまで思っていたのと違う……。

きっとあなたにしても、「分かっていたのなら、知っていたのなら、もっと早く言ってよ！」と思うことでしょう。

それでは私の場合はいったい何をどう誤解し、勝手な思い込みをしていたのでしょうか？

4 「見ないフリ」をしてきたツケを払う

私自身、これまで「見ないフリ」をしてきて、ある日そのツケが急に来たものの一つに「年金支給額」の問題があります。

具体的に私の年金支給額が「額面の金額でひと月約20万円足らず」と知った時は、正直、「これは何かの間違いでは」と思ったものです。

もっとも、この20万円という金額も、全体から見ればそれほど低い金額ではないということも、この機会にいろいろ調べてみて分かったのですが、それ自体もさらに私にとっては衝撃の事実でした。

もちろん、そう思ったのには、それなりに理由があります。何より私自身は、これまでサラリーパーソンとしては「ソコソコ稼いできた」という自負があり、それはすなわち「社会保険料をそれなりにたくさん納付してきた」という事実があるからです。

最高等級での納付をここ何年にもわたってしてきましたし、所得税も住民税もそれなりに納付してきたつもりだ。それなのにいざ定年になって、いよいよ支給された年金額が、なんと「生活保護者と同じかそれ以下のレベル」と知らされたのですから、驚くのも無理ありません。

つまり「思っていたのと違う」とは、正確には、私の年金支給額から、所得税や住民税、健康保険料に加えて、65歳以降は自分から納付することになる介護保険料も負担しなくてはならず、一方でそれらが基本免除される生活保護対象者への支給額と比べると、結果として「手取り額が同じかそれ以下となる」と知って、愕然《がくぜん》としたのです。

その事実を知った私は、もしできることなら次の二つの選択肢を国にお願いしたいと真剣に思い始めました。それは、

一、これまで支払った（会社負担分も含めて）年金保険料に、利息をつけて全額返してもらいたいです。つまり、これからは完全に自己責任で生活をしていく覚悟ですし、むしろ自己責任でやった方が現状の年金支給額より多く手にできるので、マジで返してほしいと思っています。

二、年金支給額は、基本的に「定年時の所得の半額程度を想定している」そうですが、もしそうなら最高等級といった現行のキャップ、つまり上限を撤廃してもらい、リアル

な定年時の所得に応じた半額を定年以降に年金として支給してもらいたいです。そのために必要な財源を確保する必要があるなら、もっと年金保険料を徴収してもかまわないとすら思っています。

これらの指摘は、おそらくこれまでの「定年本」とは明らかに一線を画すものでしょう。たとえばある方は、少ない年金支給額でやりくりするために「ビンボーに慣れなさい」と主張していますが、私には決して受け入れられない「提案」です。

そして、私と同じように、ある程度の収入を自分の努力と頑張りとによって、これまでも、そしてこれからも手にする気概満々の現役サラリーパーソンが、いざ「定年」を迎えたその日に「あれだけ頑張って納めてきたのに、たったこれだけかよ」と落胆しないようにしてほしいとも思うのです。

5　そもそも「無所属」ってなんだ

ちなみにみなさんは、ご自身の「定年」についてどんなイメージをお持ちでしょうか?

そんな「遠い未来の話」をイメージすること自体、今現在、現役であるあなたに求めるのは土台無理な話ですが、ここはひとまず、定年の先輩である私自身の、「人生で初めて定年した日」の光景からお話ししたいと思います。それは私がまだ45歳で迎えた「無所属な日々」での光景です。

「長年、我慢して一生懸命に働き続けてきたのだ、少しぐらいゆっくりしてもいいだろ……」

実際にそう口に出したわけではありませんが、その日の私は、自宅のソファに寝そべりながら、平日の、それまでならいるはずもない時間帯に、リビングに降り注ぐ日中の日差しに身を任せていました。

ただしそれは、後年、65歳で実際に米系金融機関を定年退職した際の光景ではなく、それより20年以上も前に、私が45歳で別の金融機関を「早期退職」した際の記憶となります。

みなさんもこれまで、いわゆる「燃え尽き症候群」という症状名を耳にしたことがあるかと思います。その時の私は、まさにその言葉そのもので、「サラリーマン生活はこれで卒業する」と決断した上での早期退職でした。それは当時の私にとって、まさに「定年退職」をしたのと同じです。

そうと決断した後の私は、それまでの口癖となっていた「あ〜疲れた〜」という愚痴もなくなり、なんともいえない爽快感を味わう日々を送っていました。

今にして思うと、その時の私からは、「とりあえず先のことは何も考えたくない」「今だけはちょっとのんびりさせてよ」というオーラが出まくっていたはずです。

でもそんな楽しい「擬似定年」生活は長続きしませんでした。

しばらくすると、ついこの前まであれほどうらやましく思っていた、郊外へと向かうガラ空きの朝の電車に腰を下ろし、反対車線の「ついこの間まで自分がいた満員の車両」の現役社員の皆さんをうらやましく思っている自分に気がついたのでした。

それ以来、「ああ、今の自分って、どこにも所属していないのだ」と、会社組織とのつながりの糸が切れた凧《たこ》が、大空をあてもなく漂っているかのような「不安定な気分」に、日々苛《さいな》まれるようになっていたのです。

また、それに輪をかけたのが、何かにつけ投げかけられる、「ところで、お勤め先はどこですか?」という質問です。

「無所属」な元サラリーパーソンになってみると、あたかも自分が無価値であるかのような質問（その多くは単なる思い込みに過ぎないにしても）をされるにつけ、「組織を外れた一個人とはこういうものなのか」と実感させられたのでした。

それはたとえば「クレジットカード」の申し込みに始まり、「住宅ローン」の申し込みでピークを迎え、こう実感することになります。

「しまった、会社を辞める前にクレジットカードを作りまくっとくのだった」「やばい、もうマンションも買えないかも……」

そう気づいた時には「時すでに遅し」な状況でした。会社名、規模、所属先に年収、さらに大切なのは勤続年数――これらの信用調査の基本項目をいったん手離してしまうと、早期退職であれ自己都合による普通退職であれ、今の自分はただの「無所属の人間」に過ぎません。

このことは、「どこに、どう、どのくらい所属しているのか」が大切な日本社会において、極めて不利な状況に自らを追いやったことを意味します。すると、ついさっきまで味わっていた「自由」という爽快感が、一瞬にして「孤独感」と「疎外感」満載の「不自由」に取って代わられてしまったのです。

その時にいたって、人は初めて「いかに自分は組織の傘の下にぶら下がっていたのか」を実感するわけです。職場の同僚たちと一見楽しそうに言葉を交わしながら目の前を行き交う、「入館証を首からぶら下げた現役社員たち」をうらやましく思えた時には、繰り返しますが、時すでに遅しなのです。

すでに失ったものを今さら悔やんでも仕方ないこと……言われなくても自分の頭の中では十分分かっていたつもりでも、やはり実際に自分の身に起こってみて、実感することって少なくありません。私にとっての「不自由な世界への旅立ち」はそうして始まったのでした。

そんな「無所属」状態をなんとか脱出すべく、じつは49歳の時に、それまで5年間続けていた個人での人事コンサルタント業を脱出し、サラリーパーソンへと戻っておりました。

それはまさに、50歳の大台を目の前にした「ギリギリセーフの現役復帰」でした。それから65歳で迎えた「リアル定年」までの15年間に、合計8回の転職を経験しています（そのあたりの顛末《てんまつ》は、後ほど詳しくご紹介いたします）。

ここまで述べましたように、私が経験したプレ定年（早期退職）は、不都合なものだったのですが、あなたが持つ定年のイメージとは、そんな私の実体験とは違い、私が当初抱いていたような「爽快」かつ「自由」なものでしょう。

落語の世界でもあるまいし、今さら「隠居」なんて言葉はもちろんあてはまりません。さらに言葉を変えて「引退」としてもピンとこないし、やはり現代の定年は「自由」を前面に出した、より前向きなイメージこそがふさわしいと思いますし、また私自身もそうありたかった。

ただ、よく趣味として挙げられる「大好きなゴルフ」や「釣り」にしても、「たまにやるから」「忙しい時間をやりくりしながらやるから」楽しいのであって、「毎日が日曜日」ではすぐに飽きが来ます。やはり趣味ではない「仕事」をしているから、たまにやる「趣味」が楽しい。それはたとえば「ハレ」と「ケ」の関係に似たものかもしれません。

たまの朝寝坊にしても、毎朝の通勤があるから楽しい。それが、定年を境に「毎日の出来事」に変わってしまうと、なんだか以前ほど楽しくなく感じるのは、私だけではないのです。

基本的に私もあなたも、じつは根っからのサラリーパーソンだったようです。それが証拠に、いったいこれまであなたは、何年、サラリーパーソンを続けてこられましたか？

――22歳（18歳）で大学（高校）を出てから、今○歳だから、ざっと△年間になるな……。

そこで私から質問なのですが、その△年間の間に、あなたは何回、「サラリーパーソンを辞めてやる」と思われましたか？

もちろん単なる「転社」ではなく「会社員を辞める」という夢想は、これまでも幾度となくしてきたかもしれませんが、実際に実行に移すことなく、今日まで来ているはずです。

「それはいったいなぜなのか？」

そしてその事実こそが、これからお話しする「定年いたしません！」へと結びつく、大事な前提条件となるのですが、そんなお話をしている私とは、いったいどんな経歴を持つ人物なのか、次に簡単にご紹介することから話を進めてまいりましょう。

6　ブライトサイド・キャリア

私のキャリアは、大きく「ブライトサイド・キャリア」と「ダークサイド・キャリア」の二つに分けることができます。いわゆる「明と暗の二つ」に分かれるわけですが、実際にはその中間の「グレー」な時代も存在します。ここでは私の、明るい方のキャリア時代の思い出の中から、いくつかご披露したいと思います。

前作（『「クビ！」論。』）の中ですでに社名を挙げているので、ご存じの方も多いかと思いますが、私のブライトサイド・キャリアの筆頭は、やはり旧チェースマンハッタン銀行時代といえます。

何しろ同行は、かの有名な米ロックフェラー家の銀行でしたから、私自身も何度か、当時の会長であったデービッド・ロックフェラー氏に、直接お目にかかる機会がありました。今にして思えば、まさに私の「古きよき時代」の象徴といえます。

ちなみにデービッドさん、数年に幾度か、銀行所有のプライベート・ジェットに乗り、彼だけを護衛するガードマンと共に来日されていました。その警護は徹底しており、トイレに行く際も役員会に出席する際も、必ずその元ＦＢＩ出身のガードマンがドアの外で目を光らせていました。まさにＶＩＰとは彼のことであり、仲間内では密《ひそ》かに「なんでもあのガードマン、アメリカからピストルも持ち込んでいるらしいぜ」と噂話をしたりしておりました。

そんなデービッドには、銀行の将来を託した若き頭取（トム・ラブレク）という子飼いの部下がいました。私は、このトムから「本物の握手の仕方」を学んだ思い出があります。

ある日のこと、来日していた彼は、日本支店を見学に回る機会がありました。当時の私はというと、まだ転職したばかりでしたし、何より「平《ひら》社員」でしたから、頭取などというのは、まさに「雲の上」の人でした。ですから彼に、狭いコピー室の中で作業中の私が、当時の上司から直接紹介されることがあるとは、まさしく夢にも思っていませんでした。

ですがそんな、目の前の仕事にひたすら取り組んでいた若き日の私に、トムは労《ねぎら》いの声をかけてくれただけでなく、固い握手を交わしてくれたのですから、「外資系」の企業とは面白いものです。その時の彼は、私の目をまっすぐに見てにこやかに、そして力強く数秒間にわたって握手をしてくれたのですが、その「本場の握手」に私は一発で彼の虜《とりこ》になったのでした。

――これが一流の人間がする握手なのか……。

何をそんな、たかが握手ごときに感激しているのか、と思われるかもしれませんが、全世界に何万人と従業員を抱える大銀行のトップが、つい先日転職してきたばかりの若造に対してさえも分け隔《へだ》てすることのない姿に、我ながら純粋に感動したのでした。

そんな彼から、おざなりではない「熱量のこもった握手」をされたその日を境に、私が一気に「外資系の虜」となったのも、無理からぬことです。

ちなみに後日談になりますが、その将来を期待された若き頭取は、残念なことにそれからしばらくしてこの世を去ることになります。詳しいことは分かりませんが、なんでも重い病を患《わずら》っていたと耳にしました。何よりその悲報に接したデービッド・ロックフェラーは、とても嘆き悲しみ、急に元気がなくなったとも、漏《も》れ伝え聞こえてきました。

それからそう遠くない日に、私は、第二のブライトサイド・キャリアというべき、米国の大銀行同士の大型合併を経験することになるのですが、それを決断したデービッドの胸の内なぞ、もちろん知る由《よし》もありませんでした。

ただ、遠くここ日本で毎日団交に明け暮れていた私にとっても、トムの訃報《ふほう》はまさに悲しい知らせでしたし、赤の他人で、しかも外国人の悲報に接して涙したのは、後にも先にもこの時だけです。

そんな経験をしながらも、毎年のように昇進・昇格を積み重ねていた私に、ある日、ライバル銀行の人事部長から声がかかることになります。それが私にとって二つ目のブライトサイド・キャリアの銀行であるケミカル銀行となります。

何しろ私にとって、初めてのヘッド（人事部長）職での転職でした。歳も35歳と、当時の大手外資系金融機関の中でも一番若かったと思います。

同社は大型の企業合併が終了したばかりで、今でいうＰＭＩ（Post Merger Integration）――企業合併後のさまざまな統合作業――のまっただ中での部長就任です。後年に続く、私の「クビ切り１０００人時代」の幕開けでもありました。

また前作でも触れましたが、「クビを切ったらその分、さらに優秀な人材を雇い入れる」作業も同時に進めなくてはなりません。

さらに、通常の人事業務に加え、合併に伴う、たとえば年金・退職金制度の統合やら、就業規則の改定、年末の業績評価や、それに基づくボーナス・昇給、昇格の作業も同時進行で進めるといった具合で、文字通り一人で二人分、三人分の仕事を、朝早くから夜遅くまでこなし続けた時期でした。

確かにプレッシャーも強烈でしたが、やればやっただけの手応えもあった、まさに私にとってブライトサイドなキャリアのピーク時だと思います。挙げればキリがないほど、いろいろな方（社内外を含めて）にお目にかかれましたし、その苦労に見合うだけのリターンがあったのは、思い返しても幸運だったと思います。

ただ金融業界はその当時、激動の時期を迎えており、せっかく合併・統合作業が一段落ついたと思った矢先に、今度は古巣のチェースマンハッタン銀行とケミカル銀行が合併するという、まるで経済小説にでも出てきそうな出来事が起きた時期でもありました。

結果として、再度古巣に、今度は新人事部長として舞い戻った私は、ついこの間まで必死になってこなしてきた大型企業合併後の統合作業を、また一から繰り返す羽目になったのは、皮肉なものでした。

そしてその頃から徐々に私の心には、いわゆる「燃え尽き症候群」の症状が出始めていたのでした。

7　ミッドライフ・クライシス

それは、私にとって二度目の経験となった、大手の国際金融機関同士の合併作業が、まさにピークを迎えていた頃の出来事です。

朝早くから夜遅くまで、それこそトイレに行く時間もないほどの過密スケジュールの仕事を次々とこなし、気づくと終電が近い時間になっていて、急ぎ駅に向かう、といった生活が続いていました。

そんなある日のことです。いつものように満員で、かつ少なからず酔客《すいきゃく》も交じった帰りの電車の中で、座席に座ることもできず、さすがに疲れ切った私は、車内のつり革に、文字通りぶら下がっておりました。

おそらく立ったままウトウトとしていたのでしょうが、突然目の前に、ぼんやりと幻影が浮かび上がってきたのです。ハッキリとしたものではないのですが、白く輝くようなものが目の前に出てきたので、なんだろうと思い手を伸ばして掴《つか》もうと何度か試みるのですが、私の手はその光の中を素通りしてしまいます。

そんな動きを幾度となく続けていた時に、電車は一瞬ブレーキがかかり、その揺れと共にふと我に戻ったのですが、その時に車窓に映った私を、「この人どうしたんだろう?」と言わんばかりに怪訝《けげん》そうに見つめていた隣に立つ女性の表情は、今でも忘れることはできません。

それはそうです。たまたま私の前に座っていた方は、目を閉じていらっしゃったのが幸いでしたが、前に立っている男（私のことです）が突然他人に向かって、手を伸ばしながら何かを掴み取ろうと、幾度となく左右に腕を振っているわけですから、もし酔客のいない日中の出来事なら、途中下車させられていたかもしれません。

私の人生の中でそのような幻影・幻覚を見たのは、それが最初で最後の経験でしたが、その時、隣に立つ女性に、怪訝というよりむしろ「怯《おび》えた目」で見つめられた、車窓に映る疲れ切った自分の姿は、私に「このあたりが限界だ」と悟らせるには、十分すぎるものでした。

もちろん、その日の出来事だけが離職の理由ではありませんでしたが、30歳で外資系へ転職し、予定通り35歳で人事ヘッドになった私は、予期せぬ二度にわたる大型合併統合作業を、なんとか無事やり遂げたところで「早期退職」をすることを決めたのです。

それが前作（『「クビ!」論。』）を出版した時期、ちょうど六本木ヒルズが完成し、世の中はＩＴバブルに浮かれているものの、それと同時に日本型終身雇用制度が崩壊し始めた二十数年前、私が45歳になった頃の出来事です。

　そうして早期退職した私の生活は、前述したようにしばらくの間はとても新鮮に感じられたものでした。よく、定年を迎えた老夫婦が、のんびり豪華客船で世界一周でもしたいものだという話をしますが、まさにそんな心境です。


「これまでずっと走り続けてきたんだ、少しぐらいゆっくりしてもバチはあたらないだろう」


　呑気なものです。そう一人で勝手に思い込んで、毎日のんびり過ごしていたのですが、すると面白いもので、別の感情が自分の中で生まれてきたのは、先ほども書いた通りです。

　ついこの間まで、あれほど郊外へと向かう朝の電車をうらやましがっていたにもかかわらず、今度はそのガラガラの電車から見える、満員電車の通勤客がむしろ眩《まぶ》しく見える。

　ついこの間まで首から下げていた入館証ストラップもなくなり、「どこにお勤めですか？」と聞かれては、その都度「今は無職です」と答えるのも、次第に不快に思い始める。

それならば、と用意した急拵《きゅうごしら》えの自分の名刺には、「エグゼクティブ人事コンサルタント」というもっともらしい肩書きがついてはいるものの、その内実はといえば、「フリーランス」とは名ばかりの、なんのことはない「無職」「無収入」な、「ただの人」なわけです。

「ああ、組織から離れるってこういうことか……」

また、まだまだ子どもの教育費も稼がねばならず、病気がちな家族の世話も続けなければならなかった当時の私にとって、前述したような「のんびり地中海クルーズを楽しむ」といった余裕など、望むべくもありませんでした。

ただ幸いにして、前作がベストセラーになったおかげで、次々と執筆依頼が舞い込んできました。最終的には中国語・韓国語への翻訳本を含めて、40冊を超える単行本・新書を世に出せたのは、望外の喜びではありましたし、そのことはまた私にとって、もう一つの「ブライトサイド・キャリア」であったと思います。

とはいうものの、前述したように、いかんせん私は、「首から下げる入館証ストラップが恋しい……」と思うほどの組織人です。

また、一人で執筆を続けながら、同時に子どもの面倒も見て、その間に地方での講演やコンサルティング業を、休みもなく続けるという暮らしでは、なんのことはない、新たな「燃え尽き症候群」への道を自ら歩み始めたようなものでした。

そういうこともあり、ちょうど下の子が高校へ進学する時期を待って、またサラリーパーソンに復帰することを決意したのですが、それがギリギリ私の年齢が50歳になる手前の出来事だったというわけです。

ただしそこからのキャリアは、残念なことに、長く続いた私の「ダークサイド・キャリア」、つまり人に自慢もできなければ満足度も低い不幸なキャリア期間の始まりでもありました。

8　ダークサイド・キャリア

私は65歳の誕生日を迎えた、２０２３年1月末をもって、それまで3年半勤務した米系大手銀行の東京支店を定年退職しました。それはつまり、いわゆる「定年」までに、合計14回の転職（転社）を経験したことを意味します。

その間、前述した二度の大型合併も経験しましたが、改めて自分なりにその内訳を見てみると、「ブライトサイド・キャリア」時代に6回（実質5回）、さらに「ダークサイド・キャリア」時代に8回で、合計14回の転職を重ねたわけです。

これに加えて、「定年」した後に、すでに3度の転職を経験していますから、圧倒的にキャリアの後半部分、つまり50歳を過ぎてからの転職回数（11回）が多い結果となっています。またそれは、その回数の多さが示しているように、中高年、とりわけ50歳の壁を越えてからの転職の大変さも示しています。

何事もそうですが、物事のすべてを「白・黒」もしくは「明・暗」と、ハッキリ分けることは難しいものです。それと同じように、自身のキャリアのすべてについて、「ブライト」もしくは「ダーク」とハッキリと区分けするのは不可能だと思います。

とはいうものの、著述業ならびにコンサルタント業を「卒業」した後の私のキャリアは、残念なことに「おおむねダークサイドだった」と正直に認めざるを得ません。

もちろんその間にも、今なおお付き合いをさせていただいている、優秀な方々との出会いもありましたから、そのすべてがダークだったというわけではないのですが、「ブライト」だった前半に比較して「生活費のために我慢して働き、そして過ごした時期」だった後半は、あまりよいものではなかったことを、この機会に正直に認めざるを得ません。

その主な理由として、何より私は、以前ほど「仕事に対して情熱を感じられなくなっていた」ことがあります。

そもそも働く動機が、「キャリアを磨く」といったものではなく、ただ「生活費を稼ぐ」ことでしたし、雇う企業側にしても、私を、いわば「終わった人」として扱い続けたことなどが挙げられます。

そんな私の思いは別として、おそらくみなさんの関心事は、「いったいどうやったら、50歳を過ぎてから65歳の定年までに、合計８回も転職する機会を得ることができたのか？」にあると思います。

そんなみなさんの疑問に答えるためにも、そのあたりの経緯も、少し話が長くなりますが、この機会にご紹介しておきたいと思います。

それは今から17年前の２００７年３月に、フランス系の電気機器会社に、人事ディレクターとして採用され、現役復帰を果たした時期から始まります。

その４年半前の２００２年10月に、私は「ブライトサイド・キャリア」として最後となる、フランス系の大手金融機関での人事部長の仕事を最後に、自営の人事コンサルタントとしてスタートしようと意気込んで退職しました。

独立したコンサルタントとして開業するのに先立って、それまでにクライアント先の開拓をしたこともありませんでした。そもそも時間がなかったのは事実です。当然のことながら、そんな無名の私にすぐにコンサルティングを依頼するような企業もなく、仕方なくしばらくの間、身を置いたのが、当時の大手の債権回収会社での総務人事部長のポジションです。

それは「当面の間」という、いわゆる「腰掛け」での転職でしたから、当然、仕事に身が入るわけもなく、また同社は今でいうブラック企業のはしりみたいな職場でしたので、半年の短い期間で辞めてしまったのですが、そうすることで、今度こそ「自ら退路を断つ」決断をしたのでした。

それからの私は、前述のように、著述業ならびに人事コンサルタント業に専念したわけですが、その間の２年ほどは、縁があって母校で非常勤講師の職にも就くことができました。これらのすべては、それまでの外資系企業では経験できなかったものでしたから、その意味では一口に「ダークサイド」といっても、すべてがひどいものではなかった、ということを示す一つのエピソードといえます。

その後、ちょうど下の娘の高校進学という一つの節目を迎えた時点で、私の「サラリーパーソン復帰作戦」が始動します。

それはまた、言い換えれば４年間もの「浪人生活」を経ての「現役復帰」を意味しますから、以前のような「大手外資系企業の人事部長職」への復帰は、そう易々《やすやす》とは叶《かな》いませんでした。

その主な理由として次のようなことが考えられます。

①企業は「現役」を欲しがる。
②企業は本音では45歳「ぐらいまで」の候補者が欲しい。

企業は、若くて現役感バリバリの人材で、できれば短期間で仕事を変えるようなことのない、長期で勤務が見込める人材が欲しいのです。すると、そのいずれにも当てはまらない私が苦戦するのも、当然といえば当然なことです。

とはいうものの、幸いにして数ある外資系の中には、私のそれまでの「キャリア貯金」、いわゆる「実績」を高く評価してくれるところがありました。

前述したフランス系の電気機器会社での半年間の「現役復帰へのリハビリ勤務」を終えた私に対して、とあるグローバル・ヘッドハンティング会社から、イギリスの大手金融情報会社を紹介されたのが、そのいい例となります。

ちなみに、同社のブランド名は高く、以降のキャリアとしても申し分のない会社でした。その話が私に来たのが、50歳の「大台」に乗るギリギリ手前の49歳だった点も、大きな決め手だったと思います。

ただ、同社に転職して分かったのですが、私はよほど「企業合併の神様」に好かれているようです。というのも、入社して半年も経たないのに、同社はカナダに本社があるライバル会社との大型合併が決まったのです。

もちろん相手方にも、私と同じように現職の人事部長がいますので、私とその方と、いったいどちらが新会社での人事部長となるのか、またしても「椅子（ポジション）取りゲーム」の始まりです。

個人的には「またか」との思いが大きく、辟易《へきえき》とした気分でしたが、ゲームが始まればそんなことも言っていられません。お互いにポジションをかけて、一生懸命に取り組むのが「ジョブ型」におけるプロフェッショナルというものです。結局そのポジションは私へ回ってきましたが、それはたまたま、その回はそうなっただけのことです。

当然そんな「椅子取りゲーム」は、私のポジションだけに限ったことではなく、上は社長から下は前年入ったばかりの新人まで、重複したポジションはすべてふるいにかけられます。

その結果、私を同社で採用してくれた社長をはじめ、その下の役員のほとんどが、次々と「クビ！」になり新会社を去っていきました。

もちろんそんな彼らの面倒を見るのが、新人事部長の私の務めですが、ついこの間まで企業合併での諸作業を共にしていた仲間との別れは辛《つら》いものです。

さらに、そんな同僚の最後を見届けた後には、なんのことはない私自身も結局「クビ！」になるという、予想もしなかった展開もオマケとしてついていきました。

ただ、いつも私自身が、そんな風に「クビ！」になって会社を去っていった、それこそ１０００人を超える仲間たちにアドバイスとして送ってきた言葉に、「捨てる神あれば、拾う神あり」ということわざがありました。すると不思議なことに、私の場合でも実際にその通りになるのですから、世の中は分からないものです。

そう、「クビ！」になったばかりの私でしたが、幸いにも米国最古の銀行の東京支店人事部長として、すぐに転職することができたのです。時は２０１０年の１月。その銀行に転職した時点での私の年齢は52歳となっていました。

結局、同行では、合計6年間の長期にわたってお世話になり、後日同行を退職する時点で私の歳はというと、いよいよ60歳の大台一歩手前の58歳にまでなっていました。

そんな私の「ジョブ型」転職人生を、今にして振り返ってみても、事実として間断なく転職が続けられたのは、確かに「拾う神」の存在もさることながら、そんな「思うようにいかない」人生でも、あきらめずにチャレンジし続けた結果だと思います。そして、そんな「ネバーギブアップ・スピリット」は、その後も今にいたるまで続いており、それが今回の「定年いたしません！」の下地となっているといえます。

その後の私は、さらにいくつかの転職を重ねた上で、最後はこれも某大手米系金融機関での人事マネージャー職で、65歳でいよいよ「定年」を迎えることになります。

いかがでしょう。ざっと駆け足で、これまでの私の「ジョブ型」転職履歴をなぞってみましたが、ご覧のようにその間に「ブライトサイド」も「ダークサイド」も、それなりにあったことがお分かりになると思います。

それと同時に、私がキャリアにおいて、さまざまな国を本国とする「多国籍企業での『ジョブ型』雇用」を実体験してきたことが、よくお分かりになると思います。

ですから、私が次章からお話しする「ジョブ型」にまつわる話は、よく耳にするコンサルタントや学者の「机上《きじょう》のお話」ではなく、実際にグローバルな現場での、生の実務家としての経験をベースとしています。

そして、それだからこそ、これから「ジョブ型」化、すなわち「外資化」する日本企業に勤めるみなさんに対して、「具体的、かつ現実的なアドバイスができる」と確信しているのです。

9「それって、私の仕事ですか？」

そんな「ジョブ型」雇用制度の会社内では、時として社員から、次のようなセリフが飛び出すことがあります。

「それって、私の仕事ではありません（だからやりません）！」

いくら外資系企業といえども、この手のセリフを口にする社員は、クラリカル・スタッフと呼ばれる、いわゆる管理職やプロフェッショナルと呼ばれる上級社員ではない「一般社員」が中心なのですが、プロフェッショナル・スタッフの中でも、口にする人間がいないわけではありません。もっとも、その場合には、いささか違う表現になります。

「その仕事、引き受けてもいいのですが、その分の報酬《ほうしゅう》はきちんとプラスしてください」

どうです、「できません」もしくは「やりません」といった類《たぐい》のセリフを、このように大っぴらに日本企業の中で表明するのは、かなりのリスクを伴うことでしょう。何しろ日本企業では、「なんでもやる、やれる能力がある」のが前提での雇用であり、教育であり、登用であるからです。

しかも、能力・経験からしてみても明らかに「やれる」と思われた社員に対して指示しているにもかかわらず、「やりません」と拒絶されるわけですから、日本企業であればおそらく上司はキレることもあるでしょう。が、他方の外資系では「あるある」なことなのです。

「だってその仕事、私のＪＤ（職務記述書）に記載されていませんので」

職務記述書に書かれていない以上、もし自分がうまくやったとしても評価の対象になりませんし、反対に、もし失敗したら、マイナス評価になるかもしれないだなんて、「あり得ない」ことです。

もちろんその主張は、理屈の上ではもっともなものですから、それを聞いた上司は「分かった」と言わざるを得ませんし、いくら腹の中では「使えないヤツ」と思ったところで、決して表立ってそれを理由にマイナス評価はできません（それをしたら逆に上司がマイナスになってしまいますから）。

ということで、「ジョブ型雇用制度」とは、言い換えれば「職務記述書（ＪＤ：Job Description）型雇用制度」ともいえますし、それゆえに、そのＪＤは詳細なものでなければ意味を持ちません。

もっとも、そのＪＤには、都合よく「例外規定」が盛り込んであるのが一般的で、たとえば、「……これに限らない」といった、それを入れたら「なんにでも当てはまってしまいかねない」文言が、たとえ外資系のＪＤにおいてさえも、潜《もぐ》り込んでいるケースを散見します。

前述したように、基本的には、きちんと職務記述書に規定されたもの以外の仕事は、本人の同意なく強要できないのが本来の「ジョブ型」であり、他方、その曖昧《あいまい》さをわざと残して、できるだけ「いいとこ取り」を狙うのが「ハイブリッド型」、つまり「日本型」の狙いかもしれません。

第2章　「早期退職」若年化時代

1　「ジョブ型」ってナニ?

さて、そもそもこの「ジョブ型」（外資型）雇用制度は、どこがどう、今までの雇用制度（日本型）と違うのか、キチンと理解されていない方が多いようです。

これからますます日本企業でも導入が進むと思われるこの「世界標準の雇用制度」について、よい機会ですので、この章の冒頭で、改めて簡単に説明しておこうと思います。

まず、この「ジョブ型」雇用制度というネーミングなのですが、私の前作が出版された２００６年から3年後の２００９年に、労働政策研究・研修機構労働政策研究所長の濱口桂一郎氏が、『新しい労働社会――雇用システムの再構築へ』（岩波新書）という著書の中で、日本的なメンバーシップ型雇用制度と対比するために名付けた用語というのが、そもそもの語源です。

実際に同書を拝読してみたら、なるほど、私のような実務家、つまり労務関係に日々携わる者にとって有意義な内容が多く、とても参考になります。

今回この本を執筆するにあたり、同書を幾度となく参考にさせていただきましたが、この場を借りて濱口氏に御礼申し上げたいと思います。

ちなみに、同書が評判となって以来、いくつか類書らしきものが出版されたようです。その中で、私がやはり今回参考にさせていただいたものに『ジョブ型雇用はやわかり』（マーサージャパン編著・日本経済新聞出版）という本があります。

前述した濱口氏の本がやや実務家向けなのに対して、こちらの方は一般社員にも分かりやすく書かれておりますので、機会があればぜひご一読ください。

たとえば同書では「ジョブ型雇用のコンセプトとメリット」と題して、次のように紹介されています。

○自分のキャリアを自分で決められる
○人の出入りがあることが前提
○会社と個人の関係が変わる
○公平な報酬配分から、社外競争力重視へ
○柔軟な人材確保が可能に
○報酬とキャリアの決定権を取り戻す

私の目から見ても、このような「ジョブ型」についての理解は正しいと思います。一方で、「メリット」を挙げている以上、「デメリット」も例示しなくては公平さを欠きます。

そこで私からは、以下のような、デメリットというよりむしろ「留意すべき点」をご紹介しておきたいと思います。

2 その「ジョブ型」で留意すべき点

ここからは、「ジョブ型」における留意点について、具体的に見ていきます。

○「ジョブ型」は基本的に、「自分でキャリアを決められない」「決めたくない」といったタイプの人には向きません。たとえば、多くの日本企業における新卒者のように、入社後にさまざまな経験を積んでいきながら適性を見極めたいと考える、典型的な従来型（いわゆる「メンバーシップ型」「終身雇用制度型」）を求める人には不向きといえます。何事も「おまかせが好きな人」より、むしろ会社と個人の関係において、できるだけ対等な立場でありたい、自分のキャリアや人生は自分で選択したいと考える人に向いています。

○「ジョブ型」だからといって、「社員の出入り」が頻繁《ひんぱん》になるわけではありません。ただし、これまでのような「メンバーシップ型」、つまり新卒者一括採用時に見られる「〇〇年卒同期生」といった、クラブメンバーシップ（同窓会）的な、よい意味でも悪い意味でも「排他的な状況」が心地よい人には向きません。とりわけ昨今見られる、一度退職してから出戻ることができる「アルムナイ制度」などは、「同期の絆《きずな》がかき乱されるので嫌いだ」と心の中で思っている方には向きません。

○「ジョブ型」になったからといって、そのまま自動的に「公平な報酬配分」の実現を期待するのは、残念ながらお門違いです。言い換えれば、少なくとも自分から正当な報酬配分を、きちんと要求できるだけの実績と気構えがない人には向きません。

○今さらいうまでもなく、企業には昇進・昇格などを通じて「上がる人」もいれば、その一方で「下がる人」も存在します。そうすると、黙っていても毎年「定期昇給」が望める現行制度に「入社以来なじんでいる」、もしくは「それがいい」と思っている人にとって、そんな不確実性が増す「ジョブ型」など、正直魅力がないどころか、むしろ「デメリットな制度」としか目に映らないとしても、無理もありません。

いかがでしょう、「ジョブ型」のよい点と留意すべき点、この両面をきちんと理解した上で判断できないと、不要な失敗や心配をすることになりかねませんから、くれぐれもご注意ください。

3　グローバル日本企業の「外資化」とは

日本企業はなぜ急に「ジョブ型」にシフトし始めたのか？

「ジョブ型」も「メンバーシップ型」も、いずれも「和製造語」ですから、たとえば外国人に向けて、「日本における人事制度」についてこれらの言葉を使って説明しようとすると、ひと工夫が必要となります。

　仮に、あなたが外国人から「どうして欧米では一般的な雇用制度を、ここ日本ではわざわざ〝ジョブガタ〟と呼び区別するのか？」と聞かれたとしたら、どう説明するでしょうか？

　おそらく多くの場合、たとえば「日本企業では一般的に職能（ポテンシャル）をベースに、人材を新卒時に一括採用し、企業内教育をしながら処遇するのを前提としている」「それに対してあなたがた海外企業では『職務記述書』をベースにして、それに見合った人材を即戦力として採用するが、そこが両者における大きな違いの一例です」と答えることでしょう。

　ちなみに、大手の日系企業の一部、とりわけグローバルに展開している企業（たとえば日立やアサヒビールなど）では、ほぼ全員に、もしくは一部管理職以上に対して、「ジョブ型」

を導入済みとのことですが、私の目から見れば、どうしてにわかに日本企業の間で脚光を浴び始めたのか、正直不思議でなりません。

いうまでもなくこの「ジョブ型」雇用制度は、外資系で働く社員にとっては「当たり前の雇用制度」なわけですが、これまでさんざん、いわゆる終身雇用制度を日系企業の持つ強みの一つとして耳にしてきた私にしてみれば、ここに来て急に脚光を浴びている現状に違和感を覚えるのです。いやむしろ「いったい何があったの?」と、あまりの変わりように、素朴な疑問すら抱いてしまいます。

おそらく、久しく「日本型雇用制度」の強みとして誇られてきた「定年までの終身雇用」や「年功賃金制度」、そして「新卒一括採用」を通じて育まれる職場での一体感などなど、そのすべてにおいて、無理・矛盾が生じているということなのでしょう。

もし仮に、昔から「外資型」が魅力的な制度であったのならば、これまでにもっと多くの学生が「外資系」に魅力を感じ、希望してきたはずです。ところが「あなた」自身も含めて、多くの日本企業に就職した学生はなぜ、新卒時にそんな「外資系」を最終的に選択しなかったのでしょうか?

もちろんそこには、「英語がそれほど強くなかった」という理由もあったかもしれませんが、それより何より「すぐ『クビ！』になる」「しょせんは外資の現地（日本）採用社員だから、出世ができるわけでもない」といった、さまざまな理由が考えられます。

そして、正直それらはすべて、「ある意味当たっている」だけに、外資系企業で長年勤務した私にしてみれば、自嘲《じちょう》気味に一人苦笑いするしかありません。

しかしそんな、日本人にとってメリットの多い「日本型」が、どうしたことか最近になって「外資型」、すなわち「ジョブ型」雇用制度へと置き換えられ始めたのかというと、それはやはり「定年までの終身雇用」（もちろんそれに伴う「年功賃金制度」も）が、多くの日本企業にとって負担となり、現実的なものではなくなったことが大きいと思います。

もっともこの「終身雇用」ですが、よく考えてみれば、これまでだって「完全なる終身における雇用制度」であったわけでもなく、企業がその時々の法令に合わせて定めた「**定年までの期限付き終身雇用**」でした。

併せて年功序列型の賃金体系にしても、そもそも「**報酬を後払い**」にすることでの「自社への縛《しば》りつけ」が前提だったのです。

それにもかかわらず、若かりし頃に頑張って貢献した分を、いよいよ取り戻す時が近づいた途端に、まるで手のひらを返したように「役職定年」の名の下で、その当然の期待を「反《ほ》故《ご》」にされるケースも多いようです。それならばいっそのこと、より透明かつ公平な「ジョブ型」へと移行し始めるのも、至極もっともなことといえます。

さらにこのまま「日本型」に固執し続けると、前述のようなグローバルに事業展開をしている企業では「優秀な人材の確保ができない」という切羽詰まった事情もあります。それが証拠に、これらグローバル日本企業のトップは、口を揃《そろ》えて次のようなことを述べています。

全世界共通の人事制度や人財育成制度はグローバル企業として必須のマネジメントインフラで、社員のスキルアップやモチベーションアップ、さらには、グローバル規模での適所適材の配置に大きく貢献していると思います。

（東原敏昭氏・日立製作所取締役会長、『日立の壁』東洋経済新報社）

日本の人事制度を世界基準にすることです。（＊著者注：２０２３年）９月に一定のグレード以上の人はグローバルの人事制度での運用に変えました。世界で統一した人事制度を運用しないことには海外の優秀な人は辞めてしまいます。日本に本拠がある、日本の会社かもしれませんが、タレントはグローバルで最適な人を配置しないと競争には勝て

ません。（勝木敦志氏・アサヒグループホールディングス社長兼ＣＥＯ、
『日経ビジネス』２０２３年10月２日号）

確かに、以前のように経済が右肩上がりで推移する時代であれば、多少の「規格外社員」を看過できる余裕も企業にはあったかもしれません。

ですが、たとえ円安が続いて日本の輸出型製造業が「円安効果」の恩恵にあずかることができたところで、全体としてみれば、賃金はＧ７の国々の中で最下位ですし、国全体の名目ＧＤＰも、今や３位から脱落の４位、何より「一人あたりのＧＤＰ」で30位（出所・ＩＭＦ『World Economic Outlook Database. April 2021』ニッセイ基礎研究所作成）という、目を背けたくもなる現実に、私たちの身が置かれていることを直視しなくてはなりません。

ちなみに前述した「日本型のメリット」にはないものとして、昔から「やりたい仕事に、入社時から就けることが約束されているメリット」を武器として、果敢に日本企業と新卒採用を競っていた外資系企業もいくつかあります。

このやり方が有効であることは、最近の東大生の就職希望ランキングからも明らかで、今や彼らの希望先には、ズラリと外資系コンサルが並び、そこまでの上位ではないとしても、

外資系金融機関（主に投資銀行・証券）は、常に上位にランキングされていることからも証明されています。

つまり「やりたいことがハッキリしている」「自分の能力に自信がある」といった人間にとって、この「ジョブ型」はうってつけな雇用制度なわけです。

だとしたら、一方の日本企業は、「終身雇用・年功賃金」において、外資系を上回る魅力をアピールしなければならないわけですが、残念なことに「終身雇用」を謳《うた》う割に、頻繁に繰り返されるリストラ（希望退職）報道や、「年功賃金」にもかかわらず「役職定年制度による賃金カット」があるようでは、これから自分の人生を託そうとする新卒候補者の目には、昔ほど日本企業が魅力的に映らなくなったとしても仕方のないことでしょう。

それならばいっそのこと、日本企業であるわが社でも「ジョブ型」を導入して、より若く、よりキャリアの目的志向がハッキリしている「外資型」人材を雇用し、活用しようと思い始めたとしても、何ら不思議なことではありません。

「日本型」「ハイブリッド型」の限界？

しかもそれは、できることなら「外資型」でなく「日本型」、つまり、より日本企業に合った制度であることが望ましい、と考えるのも無理からぬことです。ただ結論からいわせてもらうならば、そんな都合のよい「日本型」なるものは最初から存在しません。

誤解のないように、より正確に表現するならば、確かに１００％外資的でない形（前述のように「ハイブリッド型」としばしば表現されています）はあるようで、それをたとえば「日本式グローバル化」と呼ぶコンサルティング会社も存在しているようです（顧客のニーズに合わせた表現です）。

ですが、「今でも日本の会社は人生経験の浅い若者を一人前にするため、ときに厳しく育てる役割を担う」（高橋温《あつし》・三井住友信託銀行名誉顧問、『日本経済新聞』朝刊「私の履歴書」２０２３年10月12日）といった指摘があることを、決して過小評価すべきではないでしょう。

私自身は「ジョブ型」の外資系へ、むしろ新卒時から入社したかったタイプではありましたが、希望したポジションに見合った経験を、そもそも学生時代に身につけることができなかったことで断念した経緯があります。

さらに、もし希望したポジションが「そもそも自分に合ったものかどうかも分からないようなレベル」では、高橋さんのおっしゃる通り、まずは日本企業に入社して一人前に育ててもらうのは理にかなっていると思います。

そうしたことから、これからもこのような「新卒時はメンバーシップ型で人材育成と適性を見極める」こととして、その時期が終わった段階（おおむね10年ほど）でジョブ型雇用制度へと移行するという「日本型」は、両制度のいいとこ取りをしているように思え、導入を希望する企業は増えることでしょう。ただし、前述した高橋さんはこうも続けています。

「しかし昨今の人材獲得競争はグローバル規模だ。過去の美点は残しつつも、人事戦略は国内外で変貌していかざるをえまい」

２００９年時点で「１１２人に１人」だった外国人労働者が、２０１８年には「46人に１人」まで増加（『日本経済新聞』朝刊「外国人依存度、業種・都道府県ランキング」２０２３年８月２日）してきているのです。

ついこの間まで、近所のコンビニのレジに１人ないし２人ぐらいしか外国人がいなかったのに、いつのまにか「全員が外国人」になっているのも、先の数字の通り外国人労働者が倍以上に増えているからです。次の調査時には、その数はおそらく20人に１人となり、あなたが「定年」を迎える頃には「日本人労働者を探すのに一苦労する」という時代が、かなりの確率でやってくることでしょう。

それがたとえ「優秀な外国人労働者の確保」を意味することであったとしても、「日本企業のグローバル化」は進んでいます。ですが、そもそも、彼ら（外国人労働者）の目に、日本は魅力ある国として映っているのでしょうか？

先に引用したように、「世界で統一した人事制度を運用しないと、海外の優秀な人は辞めてしまう。そうしないために日本の人事制度を世界基準にする」（勝木敦志氏）――そう決めて、グローバル化へ向けて舵《かじ》を切ったアサヒグループでは、２０２３年９月に、一定のグレード以上の社員を対象にグローバルの人事制度での運用に変えたのです。

「私が目指すのは欧米式と日本式を融合した最強の意思決定システムです」とおっしゃっている勝木さんですが、具体的に何をもって「最強の意思決定システム」と呼ぶのか。何より「欧米式と日本式」の違いはいったいどこにあって、その違いを融合することがそもそも可能なのか。私自身は非常に興味深く見守っています。

4　「ジョブ型」と「クビ！」

「ジョブ型」になると「クビ！」がしやすくなるかどうかも、「はい」と「いいえ」の両面があると思います。たとえば、前述した濱口さんは、著書『ジョブ型雇用社会とは何か——正社員体制の矛盾と転機』（岩波新書）の中で、次のように説明されています。

> 出口（＊著者注：つまりクビです）については、ジョブ型の社会においては職務がなくなるというのが最も正当な解雇理由です。

ここでいう「職務」とは、英語では「Position」（ポジション）と表現されますが、平たくいえば、雇用者側は「あなたの仕事がなくなったので（不要になったので）辞めていただきます」と正当に主張できると紹介されています。

同書の中でも触れられていますが、みなさんもご想像の通り、米国では「Employment at Will」、つまり「随意雇用」という「期間の定めのない雇用契約制度」が中心です。

それは雇用者・被雇用者のどちらからでも、いつでも・いかなる理由でも（たとえ理由がなくても）、「自由に解約できる」というものです。

トランプ前米国大統領の口癖だといわれた、有名な「お前はクビだ！」というのも、決して彼が下品だからでも、また大げさだからでもなんでもない、ただ単にリアルに米国の実態を表現しているのだといえます。

ただしこの点がよく誤解されているのですが、いくら「好き勝手にクビにできる国」といっても、なんでもかんでも、たとえば「好き・嫌い」だけでいつでも人をクビにできるのかというと、そこにはある程度の注意を払う必要があります。

たとえば、そのクビは「人種差別」に基づくのではないのか、「ＬＧＢＴＱ＋」だから不当に解雇されたのではないか、アジア系だから「国籍差別」で解雇されたのではないか、などなどさまざまな差別禁止要項に触れる可能性がないかを、事前に念入りにチェックを行なうのが外資系企業では一般的です。

さらにたとえそれらの不法行為にあたらないとしても、「会社の評判」や「秘密保持」の観点から、ある程度の「解雇手当」を支給する代わりに、「口止めのための一筆をとる」のも通例です。

一方で、ここ日本においては、前述したような「随意契約に基づく雇用」ではありませんから、いくら欧米風の「ジョブ型雇用制度」を取り入れて、それに基づき「職務記述書」を導入したところで、ただ単にそれだけをもってして「あなたのポジションがなくなったので」という理由だけで、「正当な解雇」と主張するのは現時点では無理があります。

「ん？　その『現時点では無理』って、どういう意味？」

それには、ここ日本における「社会通念上の理解」が大きく関係しています。法の解釈や裁判調停などにおいて、しばしば判断基準として用いられる、社会一般に通用している常識または見解というものが、「ジョブ型」の本家である米国とは違うからです。

前述したような「あなたのポジションが影響を受ける」「したがって『クビ！』になる」という図式は、米国では通用しますが、ここ日本ではそうはいきません。

たとえばそのような時に、現行では、もしあなたが「それがどうした」「ここは日本だ」「なのでそれは当てはまらない」と言い張れば、会社からは「現行では」それ以上は突っ込めません。なぜならそれは、「退職の強要」にあたり、したがって「不当労働行為に該当する」ことになるからです。

ですから、本来は「ノー」なわけですが、それでも、たとえば日本で事業展開している外資系企業では、なぜ「実際にイエスとして機能している」のか、日本企業に勤めるあなたは疑問に思うことでしょう。

じつはそこには、「イエス」を暗黙の了解として採用された、「ジョブ型」企業に勤める外資系社員のメンタリティーと、「ノー」すなわち「私は会社（にあるさまざまな仕事）に採用された」と主張できる、日本企業の社員のメンタリティーとの大きな違いがあります。

「私は、ある特定の仕事だけをするように採用されたわけではない」と主張し、「社会通念上の理解」が変化しない限り、また、その主張を当分支持する日本の裁判所がある限り、「あなたは何も不必要に心配することがない」といえます。

ただし、日本の法律や判例が、「未来永劫《えいごう》不変である」保証はどこにもありません。

この先、「ジョブ型」雇用制度が、日本企業で普及し一般化するにつれて、前述した「社会通念上の理解」が変化する日も、やがて来ることでしょう。

そういうことから、現在40歳より若い年代のサラリーパーソンが、いざ自分の「定年」が視野に入ったあたりで、「高い確率で」直撃を受ける可能性があるのではと思っています（もちろんそうならないことを祈っていますが……）。

ちなみに、先にも述べたように、日本企業における「ジョブ型」の導入事例では、その対象者を「管理職のみ」であるとか、「入社後一定期間はメンバーシップ型で、のちにジョブ型へとコース転換する」といった、いわゆる「和洋折衷《せっちゅう》型」で導入されるケースを散見します。ですが、正直それは労使双方にとって「中途半端なケース」であるといえます。

それでは「優秀なグローバル人材」が応募しづらいですし、いつまで経っても「本格的な人材流動化」が日本では生まれません。もっとも、時流に乗った「体力のある企業」は、これまで以上に人材の確保を同業他社から行なうでしょう。

何よりそれでは、みなさんはいつになっても「クビ！」に対する免疫がつかないまま、ある日ひょっとしたら「定年」を目前に「早期退職」の名目で放り出されるようなことが、おそらく今後も続くでしょう。

その意味で、自社での「ジョブ型」がいつ、どのように導入されるのか、今よりもっとあなたが関心を持つことは、世代や年齢に関係なくとても大切です。

5 「風習」として残る「定年制度」

前述の濱口桂一郎氏は、先ほどもご紹介した著書『ジョブ型雇用社会とは何か』の中で、「ジョブ型」雇用制度とは、詳細な職務記述書に基づく雇用制度を指す、と述べています。

それは言い換えれば、これまでにも述べてきたように、「ここに書いてある仕事をしていただくという前提で、あなたを雇います」ということですから、たとえばその「仕事」（ポジション）そのものがなんらかの理由で、たとえば消滅してしまった場合（例・企業の合併やリストラなど）には、「その時を待っていました」とばかりに、次のような説明が会社からあなたへあるかもしれないということです。

「これまであなたにやってもらっていた、そのポジションがなくなったので、この機会に社内外であなたにふさわしい仕事を探してください」

「もし代わりのポジションが見つからない場合には、（残念ですが）辞めてもらいます（だって、もうやってもらうポジションそのものがないのに、どうしてあなたを雇い続ける必要があるの？）」

このような一連のロジックは、現実に「外資型」の企業では、ごく日常茶飯事《さはんじ》に交わされている会話です。ただし、みなさんの場合には、ひとまず安心していても大丈夫でしょう。

というのも、繰り返しますが、ここ日本においては、いくら「ジョブ型」雇用制度を採用していて、それに基づいて新卒・中途採用されたといっても、まだまだ人事制度の根幹は「メンバーシップ型」雇用制度との「併存型」が主流だからです。

たとえば「年金制度」はどうでしょう?

近年では、いわゆる「確定拠出型」が増えたとはいえ、まだまだ「確定給付型」——すなわち「勤続年数」が増えることで、将来の給付金が増加する仕組み——も残っています。これは、言い換えれば「定年まで勤続し続けることを会社は期待している」「それを前提としている」ことの裏返しともいえます。

その意味で、もしあなたの会社が、「これからは自己責任でお願いします」と、全額確定拠出型の年金制度に変えたとしたら、それは一つのあなたへのメッセージと判断できます。それは「もうこれ以上会社に対して『おんぶにだっこ』するのはやめて、早く独り立ちしてね」、だから将来「何かあったら」その時は会社に頼らずに「自分でよく考えて行動してね」というものです。

とはいえ、みなさんはまだまだ「人情味溢《あふ》れる日本の司法制度」に守られていますので、ご安心ください。そしてそのことは、私が「これは役に立つ」と思った数少ない「定年本」の一つである『定年入門——イキイキしなくちゃダメですか』(高橋秀実著・ポプラ新書)

の中の、次のような一節からも見て取れます。

「定年」とは一体、何なのだろうか。

私は疑念を抱いた。定められた年齢に達すると退職するという制度なのだろうが、あらためて調べてみるとそのような制度を一般的に義務づけた法律などない。むしろ能力や経験にかかわらず年齢を理由にクビにするのは、明らかな「年齢差別」。法の下の平等や勤労の権利をうたった日本国憲法や労働基準法の趣旨にも違反するのではないだろうか。

高橋さんは続けて、米国をはじめ他の国の事例を紹介したのち、わが国における定年という名の年齢差別の根源について、「ちなみに『定年制』は最高裁の判例でも認められていた。ある事件の判決の中で次のように認定している」として引用を交え紹介しています。

およそ停（定）年制は、一般に、老年労働者にあつては当該業種又は職種に要求される労働の適格性が逓減するにかかわらず、給与が却つて逓増するところから、人事の刷新・経営の改善等、企業の組織および運営の適正化のために行なわれるものであつて、一般的にいつて、不合理な制度ということはできず、……。
（「就業規則の改正無効確認請求」最高裁判所大法廷　昭和43年12月25日）

短い文章の中に2回も「一般」が出てくる。「一般に」歳をとると、給与ばかりが上がり、その割に「適格性」が減るので、「一般的に」不合理な制度とはいえない、と。個々の能力を無視し、年齢という一般的基準で裁いているわけで、最高裁自体が年齢差別を推奨しているのである。

ちなみに日本国憲法の第14条を、この機会に改めて見てみると、「すべて国民は、法の下に平等であって、人種、信条、性別、社会的身分又は門地により、政治的、経済的又は社会的関係において、差別されない」とありますが、なるほどここには「年齢差別」をしてはいけないとはありません。

さらにこの章の冒頭でご紹介した濱口桂一郎氏は、「年齢のみに基づく強制的雇用終了であるという点に着目すれば、これ（＊著者注：定年）はれっきとした年齢差別です」とし、日本ならではの事情について、次のように丁寧に説明しています。

日本では、これは定年年齢までは雇用の継続を保障するという機能を有するものだとみなされてきました。前述したように、メンバーシップ型雇用では職務が特定されていませんから、他の職務への異動可能性がある限り解雇の正当性が低くなりますが、では雇用がいつまで継続されるのかといえば、定年年齢に達するまでということになるわけです。

（『ジョブ型雇用社会とは何か』）

つまり、「定年までの雇用の継続性」が労使双方にとってメリットがあることから、これまで誰も本気で「年齢差別ではないのか」「そもそも日本国憲法の第14条に年齢が列挙されていないこと自体おかしいのでは」といった議論がされてこなかったのです。

そうであれば、前述した髙橋さんのように、そもそも「定年なんて関係ない」仕事をしているような方から見れば、「それよりおかしいのは、『おかしい』と感じている人があまりいないことである」と指摘したくなるのも、当然なことだと思います。髙橋さんはこうも述べています。

> 労働組合などが反対してもよさそうだが、歴史を遡ると組合側が「雇用保障」のために定年制を要求していたりする。世間でも定年制自体は議論になっていないし、誰に話しても「しょうがないんじゃないの」「そういうものなんだから」「だって定年なんだから」という答えが返ってくる。「定年」だから定年、というわけで、どうやら「定年」は公的な制度というより日本に根づいた慣習、いや超法規的な風習に思えてくるのである。
>
> （『定年入門』）

前述したように、利害関係者の多くが、いえ正確にいえばメンバーシップ型で雇用された人の多くが「定年」の恩恵にあずかっているため、この「風習」は、そもそも多くの国民が「それを正そうとするモチベーションを誰も持っていない」ことが根本的な問題なのです。ただし、それも「メンバーシップ型」雇用制度が大勢を占めている「今のうちだけ」だと考えることはできそうです。

米国をはじめとする先進国における、いわゆる「ＬＧＢＴＱ＋」ムーブメントの例を見るまでもなく、今では、あらゆる差別をなくすよう行動することが求められますし、そもそも濱口さんや高橋さんが「差別である」と指摘するまでもなく、とっくに当事者は、ここ日本において「労使双方とも差別だと分かっているはず」だからです。

前述したように、「能力や実績に関係ない雇用終了を認める代わりに、その定年と定める日までは雇用継続を約束する」というものから、「年齢はもちろんのこと、性別や国籍など職務遂行に一切関係のない差別事項は撤廃する」へと、建前が確立する時代が来れば話は別だと思います。ただし、後述しますがそれは「建前上での話」であることは、ここに付記しておきますが……。

6 「カイゼン、カイゼン！」

というわけで、ここしばらくの間は、「ジョブ型」の導入が進んだところで、この「ポジションがなくなったので」という理由で「クビ！」になることはないでしょう（もっとも、それに向かって時計の針は着実に時を刻み始めていることだけは、忘れてはいけません）。

ただし、その一方で、「外資型」において一般的であるように、職務記述書の水準に達していないあなたには、会社からこれまで以上に厳しい業績改善が求められることになるでしょう。

具体的には、「個別の業績改善計画」に基づき、上司とあなたは一緒になって、あなたが未達で終わった業績の改善計画の作成と、そのフォローアップ・プランを実行することになります。

そしてそこが、「『ジョブ型』になると、クビにしやすくなるのは本当か?」につながり、その答えは残念ながら「ハイ、しやすくなります!」につながることになります。

きちんと改善計画を立てて、上司も頻繁にフォローアップをし、さらにそのための期間も十分に与えたにもかかわらず一向に改善の兆しが見られない……、したがって「やむなく自己判断で、これ以上は無理と判断され、お辞めになられたのです」と上手に説明するために導入されたのではと、つい疑いたくもなる「業務改善計画書」です。

もちろん、そんな便利なものを、それこそ企業が今後、より利用しないわけがありませんから、そうならないようにするのはもとより、万が一その場面に出くわしても、決してパニックに陥る必要はありません。

ただあなたは、業務改善書の本来の目的である「カイゼン」に、一刻も早く励むだけのことです。「きちんと結果を出した」ならば、会社はその事実を認めること以外の選択肢はありませんから。「このままクビになるのでは」と不必要に恐れる必要はありません。

これまで労使双方で、できるだけ「いいとこ取り」したいと思って続けてきた「メンバーシップ型」が、前述したようにいよいよ切羽詰まってきたため、導入を決めた「ジョブ型」です。いろいろな「目的」があってのことなのは、推して知るべしです。

だとすると、「いつでもお辞めいただいても構いません」へと移行する日も近いのではと疑ってみても、決して不自然ではありません。

７　「早期退職」若年化時代

「早期退職募集が昨年超え」というタイトルの記事に、もはや驚くこともなくなるほど、最近よく、この「早期退職募集」という記事を目にします。

２０２４年３月６日付の『日本経済新聞』朝刊に、上場企業の早期退職募集人数が、同年２月末の時点で前年１年間を上回る３６００人に達したという記事が載っていました。

同記事によると、たとえば資生堂が約１５００人、ソニーグループが約９００人、オムロンで約１０００人、セブン＆アイＨＤで約７００人、ワコールＨＤで約１５０人と、錚々《そうそう》たる有名企業における「早期退職」の募集が行なわれるとありました。

こちらは「上場企業」の話なのですが、おそらく非上場もしくは中堅企業においても、募集人数は少なくとも似たり寄ったりで進行中でしょうし、「じつは今プラン中です」という上場企業だって多いのではないでしょうか？

まさに世の中は「早期退職」時代にあるといえます。このことはすなわち「ジョブ型」転職時代の、本格的幕開けをも意味します。なぜなら同記事では、近年の早期退職募集の特徴として、対象が若年層に広がっていることを挙げているからです。

たとえば「過去10年の募集状況を対象年齢別に分析すると、23年は対象年齢が判別した30件のうち、29歳以下を含む、もしくは年齢制限がない募集が社数ベースで初めて4割を超えた」と伝えています。

よもやこのような早期退職に応じた人の中に、退職金にプラスされたいくばくかの「割り増し退職金」で、「後は一生悠々自適に暮らす」と考えている社員はいないでしょう。つまり、早期退職を申し込むというのは、すなわち「転職活動を本格的に始める」と同義だといえます。

この「早期退職制度」ですが、場合によってはそれこそ年齢に関係なく「リストラに近い早期退職制度」も考えられます。記事では「黒字でも人員削減を進める企業が急増している」理由として次のように述べています。

「インフレ型経済への移行で持続的な賃上げが焦点となり、日本企業が雇用人員の適正化を進めていることが要因にある。低収益事業を縮小・解消し生産性を向上しなければ、高い賃上げ率を維持することが大企業でも難しくなっている」

これまで「ジョブ型」とは、すなわち「ポジション型」のことであると繰り返しご紹介してきました。

旧来の「メンバーシップ型」では、文字通りメンバーである限り、「ここ（低収益事業）でダメなら、次（高収益事業）へ行けばいい」とのんびり構えておれたのですが、これからはそうはいきません。そもそも「次のポジション」に空きがなければ無理な相談なのです。それが「ジョブ型」雇用制度の基本構造なのです。

このことは昔、子どもの頃によくやった「椅子取りゲーム」をイメージしてもらえば分かりやすいかと思います。私の思い出では、幼稚園時代に先生の弾くオルガンのメロディが止まると同時に椅子を奪い合ったものでした。最初は人数分あった椅子が、グルグル回るうちに、一つ減り、また一つ減って、最後に残った二人が一つ残った椅子を奪い合う……。今にして思えば、けっこう残酷なサバイバル・ゲームでしたが、「みんなで手をつないで一緒にゴール！」というお花畑な非現実的なものよりも、「社会勉強になる」ものだったのかもしれません。

ちなみにこの椅子取りゲーム、英語では「musical chairs」といいます。もし「ジョブ型」という表現が「イケてない」と思われたら、このミュージカル・チェアを思い浮かべてみてはいかがでしょう？

たとえこの瞬間に、あなたの会社にはたくさんの椅子があるように思えても、「本当はあなたの椅子はたった一つしかない」、いや現実には「一つもない」のかもしれません。そうなったとしても、あなたはサバイバルしなくてはなりません。本書はそのための一冊でありたいと願っております。さあ、話をさらに先に進めて参りましょう。

第3章　「給与格差」時代

1　「ジョブ型」給与格差

私は外資系、それも比較的大手の外資系企業の人事部長を長く務めてきましたが、ご存知のように、日本における外資系企業のプレゼンスは、思いのほか、「量的にはとてもニッチなもの」なのです。それは経済産業省の統計を見てみると、ハッキリと分かります。

それによると、２０２０年３月末時点で、外資系企業の数は約２８００社あまりなのですが、日本における会社の総数は、およそ４２０万社といわれていますので、外資系企業の存在とは「全体の１％にも満たない」、かなり小さなものといえます。

とはいうものの、その割合は「単純に数で表したもの」に過ぎませんから、たとえその数は小さいものだとしても、その質（中身）に関しては、時としてその他99％の日本企業のはるか先を行くケースもあります。そしてそのよい例が、ご紹介してきた「ジョブ型」雇用制度となります。

確かに私は、ここ日本では、わずか1％にも満たない外資系企業での人事部長だったのかもしれませんが、いわば正真正銘の「ジョブ型」企業で長年勤務をしてきたのが、この私なのです。ここからはそんな私が、気になる「ジョブ型」での「給与格差」について、そのメカニズムに触れていきたいと思います。

「メンバーシップ型」で雇用されたみなさんにとって、最も気になるのは「外資ではどうやって給料を決めているのか？」だと思います。

よく「ジョブ型」での報酬は、「各々の職務（ポジション）に紐付けられたジョブ・グレード（等級）に、あらかじめ割り振られたサラリー・レンジ（給与バンド）の範囲内で、個々人と会社の業績に応じて決定される」といわれています。

もし、そうなのだとすると、

「より具体的に、そのレンジの中で、自分の給料は、誰がどう決定するのか知りたい」

「外資型に『春闘』がないとしたら、いったいどうやってそのレンジが更新（「日本型」でのベースアップ）されるのか？」

「そもそも昇給ってあるのか……」

などなど、気になるところが多いと思います。

ちなみに、サラリー・レンジはマーケットの現状に応じて決定されるのが原則なのですが、「そもそものマーケットって何？」というのが正直なところでしょう。そう、もっと「日本型」のサラリーパーソンにも分かりやすく説明してよ、というのが本音だと思います。

さてその「マーケット」という概念についてですが、たとえばここ日本でのケースでいうなら、「国内での同業他社など、わが社が参考とする業界における他社での実際の給与実績」であり、そのマーケット・データに基づいて「わが社があるべき立ち位置」に応じて、もしくは参考にして決めるのが、基本的な「外資型」での給与決定方法となります。

すると、「その他社での給与実態データを、いったいどうやって入手するのか？」とさらなる疑問が生まれます。

その「同業他社における給与実績データの入手方法」についてですが、基本的には毎年、ある一定の時期に、「報酬分析調査」といった名目で、大手外資系コンサル会社が全産業別、もしくは特定のセクター（たとえば「金融関係」のみ）に対して行なっております。

より具体的にご紹介すると、「今年も調査に参加しませんか？（もちろん有料です）」「ご参加された企業の皆様には、例年通り同業他社のデータを（もちろん匿名《とくめい》やコード・ネームで）共有しますので、採用・昇給・昇格にお役立てください」というビジネスモデルです。そしてこのやり方は、欧米では一般的で、したがって、その会社の関連会社・子会社である在日の外資系企業が、ここ日本でも同様のビジネスを展開しています。

前述したように、サーベイに参加した企業は、自社での報酬実績と提供されたデータとを比較検討して、今後の報酬額の決定に際して役立てるわけですが、その結果、往々にして、次のようなセリフが人事担当者と社員との間で飛び交うことになります。

「あなたの報酬はマーケットと比較してフェアに決定されています」

「わが社では、他社と比較して十分に競争力のある（これを英語では「Market Competitiveness」〔市場競争力〕と呼びます）報酬を提供しています」

もっとも、そのマーケット・データを人事担当者以外が実際に目にすることはおそらくありませんから、それが本当に「競争力があるものかどうか」は、ブラック・ボックスの中にあるわけです。

とはいっても、実際に競争力のない報酬を支払っていては、よい人材は採用できませんし、何より競合他社へと転職されてしまいますから、その謳い文句には、おおむねウソはないと思われます。

そうすると、さらなる疑問が生まれてきます。つまり、その会社ごとに異なる「競争力」の定義とは、いったい誰が、どう、いつ決定しているのだろうか、という疑問です。そしてそれこそが「給与格差」を生む元になるわけです。

2　わが社の「立ち位置」

たとえばある会社が、自社の「立ち位置」をマーケット・データと照らして「75パーセンタイル（第３四分位数）に置く」と決めたとしたら、中央値（メディアン）に立ち位置を決めている会社よりも、「より高い報酬を提供すること」を意味することになります。

その結果として、同社に就職もしくはすでに在籍している社員は、「他社よりいいお給料をもらえる可能性がある」ことを意味します。

ただ、ここで気をつけなくてはいけないのが、「会社がそう決めた」イコール「実際に支給される」とは限らないことです。それはあくまでも「可能性」を意味するに過ぎないのですが、「そう決めることができる会社」に勤務（転職）する意味は大きいといえます。

実際には、前述した自社の市場競争力を、多くの会社ではメディアン（中央値）に置きますので、言い換えるとするなら「普通にやっていれば、業界水準と比べて高くも低くもない報酬水準で処遇する・される」となります。

そしてこのことをもって、「わが社の給与水準は、市場競争力を持ち、かつ公正な水準を保っています」と主張する根拠になります。

つまり、この水準を支払っている限り、トップクラスの人材とまではいかないまでも、「まずまずの人材が雇え、かつ給与水準の理由での退職が増えることはない」と見込んだ報酬が、いわゆるわが社の「立ち位置」ということになります。

なんのことはない、「ジョブ型」でも、これまでの「日本型」がそうであったように、「業界水準を横目に見ながら決定されている」というのが実態です。

じつはここで、さらなる疑問が生まれたかもしれません。つまり、「その水準が変わらないとしたら、自分の給料は（日本企業におけるベースアップのように）上がることはないのか？」という質問です。

答えは、「ご安心ください、決してそんなことはありませんよ」となります。それは〝メリット・インクリーズ（成績評価に基づく昇給）〟、ならびに〝インフレーション（物価上昇分）〟を考慮するからです。

ついでにいうと「それではデフレの時代はどうだったのか？」と思われるでしょうが、日本のデフレ時においても、外資系企業では「定期昇給」はありました。

いうまでもなく「外資型」の基本とは、「やったら（業績を上げたら）その分キチンと支払う」ですから、もしもそれが機能していない会社に勤めていたとしたら、その時は「辞め時と考える」、それが基本姿勢なのです。

「それなら『外資型』になっても、それほど自分の給料の心配はしなくてよさそうですね」と聞かれたら、私なら「そう、あまり心配しなくて大丈夫ですよ」と言います。

それは、「あなた」が業績を上げ続けている限り、そして会社も利益を上げている限り、さらに（次の点が最も大事なのですが）自分のジョブ・グレードでのレンジの上限に達するまでは、「給料は上がる」というのが「外資型」における基本です。

言い換えれば、もし「上限に達してしまったら」、その場合はいくつかの例外はあるにせよ、「次のグレードに上がるまで」、もしくは「サーベイの結果で、サラリー・レンジの更新が行なわれない限り」、基本的には給料が上がることはありません。これが「ジョブ型」の基本の姿なのです。

つまり、「そろそろ昇格させるか。十分に経験も積んできているし……」といった、「日本型」でよく耳にする「昇進」「昇給」、そして「昇格」はありません。

ですから、これからのあなたは、好むと好まざるとにかかわらず、年齢を重ねるにつれて上がる前提の「職能給」ではない、「職務給」に基づいて報酬が支払われる世界に、足を踏み入れる（もしくは踏み入れた）のだといえます。

これが「外資型」における他社と自社との、さらには自社内における他者との「給与格差」の実際なのです。

3 「給与を下げやすくなる」って本当ですか？

「コウイチ、部下の給料を下げようと考えているのだけど、日本ではどのくらいまでなら下げてもいいのか、キミのアドバイスをもらえないか？」

これまで何回、このような質問を受けてきたことか。これも「ジョブ型」企業での人事マネージャーにおける「典型的な仕事の一つ」といえます。

ご紹介したように、私は過去さまざまな多国籍企業で勤務してきましたが、このような質問を受けなかった会社はまれでした。

しかも、国内外のマネージャーから似たような質問を受けてきましたから、この質問に近い考えを持つ上司というのは、国の東西を問わず、「ジョブ型」企業におけるマネージャーとして多いといえます。

そして、それはまた「給料というものは、下方硬直性を持つ」ということの、一つの証明でもありました。

「給料が『上がらない』のは分かるけど、『今よりも下がる』って、そんなことが許されるのですか？」

おそらく「ジョブ型」企業になると、こんなことも起きるのかと、心配になった方も多いことでしょう。

それに対する答えは、またしても「NO, but YES!」、つまり「下がることは基本ないけど、時にはあるよ」という、玉虫色なものとなります。それは次のような理由からです。

まず「下がらないよ（ノー）」とした理由ですが、そもそも「ジョブ型」雇用制度は、当然ながら「日本の法律の下での運用」となります。そこで参考になるのは、当たり前ですが「日本における判例」です。つまりいざ「労使紛争」となった時に、「どう裁判所は判断するか」が、私たち実務家にとって気になる点です。

その意味で、私はまず「できるのか、できないのか」と尋ねてきたマネージャーに対して、「原則できませんよ」と答えていました。

私の口からそんな「ノー」を聞いた相手、とりわけ海外のマネージャーの多くは、電話ごしに、「どうしてできない」「お前にはとてもガッカリしている」と筋違いな文句を言ってくるのが常でした。

まあ、それを聞いていちいち怯《ひる》んでいては、グローバル人事のプロとしての私の仕事は務まりません。すかさず私は、次のようなアドバイスを相手とシェアいたします。

「お給料というのは、基本どこの国でも『下方硬直性』、つまり上がらないにしても、現在の支給額より突然下がることはないのが前提です。ただしこれには例外があって、ここ日本であっても、それが合理的な理由の範囲内で、かつ相手の同意が得られた場合ならば、話は別ですよ」

もちろんこれを聞いた相手は、肝心の「必要な前提条件」を飛ばして、すぐにこう聞いてきます。

「おおコウイチ、それならいったいどのくらいなら下げることができる？　半分か、それとももっと下げられるのか？」

「何を自分に都合のいいことばかり要求しているんだ」と、心の中で私は文句を言いながらも、次のように続けます。

「具体的に『何％までなら下げることができる』という、クリアな法的ガイドラインといったものはないのです。ですが、そうはいっても、私は過去に『マックス3割減』は経験してきましたので、今回はより安全サイドを取って、『10％から20％の削減』ではいかがでしょうか？」

ちなみに、そういう私の話を聞いた上司のほとんどが、意外なことにその後、実際に減給まで駒を進めることはありませんでした。「ん？」と不思議に思われるかもしれません。

じつは、マネージャーの側からしても、心の中を覗《のぞ》けば、やはり会社のコストカットのプレッシャーで「仕方なくやっている」削減検討のケースがほとんどだったのでしょう。

もちろん「それではそのマックス（30％）で進めてくれ」と、実際に私に依頼してきたケースもありました。その依頼を聞いた私は、「分かりました」と答え、すぐさま必要な書類（同意書）を用意し、本人と話を進めることになります。

すると、その決定を私の口から聞かされた社員の多くは、もちろん中には「なぜ自分の給料が下げられるのか！」と食い下がる人もいましたが、ほとんどのケースで「この申し出に同意しないと、いったいどうなるのか？」といった質問を返してくる社員が大半でした。

そういった「一連のやり取り」の後に、私は必ずサイン（同意）をもらい、マネージャーへ連絡をし、すぐに減給の手配を給与事務担当者へと通知して、一件落着となるのが前述した「イエス」のケースなのです。

4　転んでもタダでは起きない

ところで、ここまでの話を聞いたあなたは、正直どのような感想を持たれたでしょうか？

ひょっとしたら、「自分の給料が下がることに同意するなんて、そんな物分かりのいい社員、本当にいるのだろうか？」と、疑問に思われたかもしれません。

しかし、そんなあなたの疑問は、現実のやり取りとはだいぶ違っていると言わざるを得ません。その社員が渋々同意したのには、彼らなりの「打算」があったからなのです。

その「打算」とは、つまり、多くの場合、「サイン（同意）してもいいですが、その代わり今後の雇用は守る（つまり「クビ！」にはしない）と約束してください」と要求されるのが一般的です。

もちろん、そんな「口約束」の類を、上司でもない私が独断でできるわけがありません。

ただし、目先のコスト削減目標達成が「最優先課題」である彼らの上司にとって、この先何があるか分からない状況で「軽々にそんな口約束ができるわけない」はずなのですが、「できるだけ善処する」と答えてサイン（合意）させる、というケースがほとんどでした。

一方の社員にしてみれば、本来、上司から『クビ！』にしない」という確約を交換条件として減給を受け入れたいところですが、現実的にはこれからもその上司の下で働き続けるわけですから、「あまり睨《にら》まれたくもない」のが人情です。そんなことから「努力する」という言葉で渋々サイン（同意）するのがほとんどでした。

ちなみに、この「給与削減案」は、実務家の私にしても、ぜひとも避けたい仕事の一つなのです。それというのも、たとえば社会保障制度がいい例なのですが、前述したように「給与は下がることはない」という前提で成り立っています。

具体的には、「社会保険」や「退職金制度」といったものが、現在徴収しているレベルより下がる、つまり計算基礎給与が下がることで「混乱が生じる」ので、たとえば所轄する官庁の担当者から、「このような大幅な下方修正は、おかしい（つまり「計算違い」）のでは？」と指摘されたことがあります。

つまり、そんなやり取りを含め、担当者にとって「余計な仕事が増える」のは事実なのですが、そうはいってもそれ（給与削減）で、たとえば一人の社員の「クビ！」がなくなるのだとしたら、もちろんお安いご用といえます。

担当する部下からは「これ以上余計な仕事を増やさないでください！」と言われ、「ごめんね、忙しいのに手間をかけさせてしまって」と平謝りしながらも、「内心ではホッとした」ことは、一度や二度ではありません。でもそれが、「ジョブ型」雇用における現実なのです。

ちなみに、前述した「3割ぐらいならなんとか」の「3割の減給」には、明確な法的根拠はありません。とはいうものの、近年「定年退職後の再雇用の際に、基本給を減額したことの妥当性が争われた訴訟」の中で、最高裁第1小法廷（山口厚裁判長）は、次のような判決を下しています。

「基本給の性質や目的を踏まえて引き下げの合理性を評価すべきだ」

具体的には、

「定年時の6割を下回る基本給は不合理と判断した一、二審判決を破棄し、審理を名古屋高裁に差し戻した」。

ちなみに、それまでの一、二審判決（つまり地裁・高裁での判決）では、

「労働者の生活保障の観点からも、正社員時の6割を下回る部分は看過しがたい（つまり4割以上の下方修正は違法）」

という判決を出していたので、正直混乱が続いているのが実情です。

厳密にはこのケースは、いわゆる「役職定年」や、それに伴う「再雇用」の際の「賃金調整」についての判決なのですが、そもそも「ジョブ型」では、「役職定年」なるものは前提としていません。

そうはいうものの、「いくらまでなら調整が可能なのか？」について、ある程度具体的に触れていることから、今後も参考にすることができると思います。

その意味で、今回、私が「安全を取って3割程度」としたアドバイスは、その前提が社会通念上において、合理的かつ公正なものである限り、また本人に強要することのない限りにおいて、「ギリギリ許容される」ものと思います（もっとも、「減給が一切ない」に越したことがないのを踏まえることは、部下からの不平に晒《さら》されないためにも重要です）。

なお、繰り返しになりますが、これは「同意すれば4割減給程度なら大丈夫」ということではありません。くれぐれもリーガル・リスクについては、労使双方とも顧問弁護士などによくご相談した上で、慎重にご判断ください。

そうはいっても、世の中はすべて「ノーリスク・ノーゲイン」の関係で成り立っていますから、もしあなたが「自分にとって、目先の雇用を守ることが何よりも優先する」と判断されたなら、ある程度の減給を覚悟の上で「会社の人事と相談してみる」のも、一つの方法です。

何事も、最終的には「自己判断」と「自己責任」で決着しなくてはならないのが原理原則なのですが、俗にいう「泣き寝入り」するような結論へ飛び付く前に、あれこれ検討してみるべきです。

これからの「ジョブ型」雇用制度の下で生き抜くには、まさに「転んでもタダでは起きない」といった気構えでキャリアに臨む姿勢が、これまで以上に大切です。

第4章　「ジョブ型」転職時代

1　私の「ジョブ型」転職歴

　さて、そろそろ「この著者は、困難な状況の時にも、いったいどうやって転職をしてきたのか」という部分に関して、関心を持った方もいらっしゃることでしょう。ここからはしばらく、そんな私自身の経験をご紹介しながら、来たるべき「ジョブ型」転職時代についてお話ししたいと思います。

　前にも述べましたが、私が65歳で定年を迎えたのは、昨年2023年1月のことです。その時の肩書きは人事マネージャーでしたが、部下を一人抱え、銀行・証券の2社の人事を見るポジションでした。

ちなみに、これもすでに少し触れましたが、それまでのキャリアのほとんどを、「ジョブ型」雇用制度の本場である欧米の金融機関を中心に、IT通信会社、国際監査法人やコンサルティング会社などで積んできました。

その間、合計14回の転職（正確には「転社」です）を経験し、その他にも人事コンサルタントとして独立（いわゆるこれは「転職」にあたります）、さらに前述の通り母校で非常勤講師として2年間勤めたりもしました。

それらの経験を通じて、私にしかできない「たくさんの転社にまつわる転職経験」を語ることができ、かつ「サラリーパーソンだけではなく、独立し自営業を経験したことも語れる」といった、ユニークな人事部長というのが、自分を語る際のキャッチフレーズです。

これらの数多い転職（以降は「転社」も「転職」へひとまとめにします）の経歴は、紛れもない事実なのですが、一方で、それらの経験に対する一般的な印象は、次のような「素朴な疑問」の形で表現できます。たとえば、

「65歳で定年するまで、とりわけ60歳を過ぎてから、いったいどうやったら、そんなに次々と転職できるのか？」

「それって、いわば優れた能力・経験があったからできた、とてもまれなケースであって、一般的ではないのでは？」

といったものです。

他方、かなり辛辣《しんらつ》かつ現実的な指摘もあるでしょう。たとえば、

「65歳までに14回も転職してきたって、それはいわゆるジョブ・ホッパーという類の、二流・三流の人物であることの証明さ」

「きっとこの人は、どこに行っても我慢と辛抱が足りず、入社したその日から次の転職先を探すような人物だね」

というものです（あなたが抱いたイメージは、どのようなものでしょうか？）。

確かに、前述したように、「65歳までに14回転職した」というのは紛れもない事実なのですが、その事実を前向きなことと捉えるか、反対にネガティブなものと断じて、「これより先の話に聞く耳を持たない」と拒絶してしまうのか……。同じ事実を前にして、おそらく判断は分かれることでしょう。

それに加えて、現実に私は「**さらに65歳を過ぎてから66歳までの間に3度の転職を経験しています**」ので、表題の『定年いたしません！』は決してタイトルだけの絵空事ではありま

せん。そのタイトルが示すように、今も身をもって実践継続中なのです。だからといって、決して自らの人生が「波瀾万丈《はらんばんじょう》だった」とは思いませんが、無難に、波風を立てずにはおれなかったのも、やはり事実です。

そんな私の経験から語るアドバイスは、ひょっとしたら、「自分には全く当てはまらない、参考にならない」とお考えになる方もいるかもしれませんが、それは見当違いといえます。

前にも述べましたが、本書で取り上げている「ジョブ型」雇用制度は、たとえ御社に導入されたとしても、これまでドメスティックだった会社が、一夜にして「ガイシ」へと大きく変貌《へんぼう》するわけではありません。

とはいうものの、その影響はやはりジワジワと、とりわけ今の40代以下のミドルエイジ・サラリーパーソン世代に及んでくるはずです。典型的な例が、「ジョブ型」の「クビ！」に代表される、これまでの「終身雇用制度」との訣別ですし、「ジョブ型」転職時代の到来により、これまで以上に「出たり」「入ったり」が頻繁になることでしょう。

これまでの終身雇用を前提とした「退職金（年金）制度」の存続が危ぶまれる中で始まった、新ＮＩＳＡに代表される「自己責任」「自助努力」が求められる「定年後（老後）の生活設計」のためには、今のうちから「ジョブ型」を念頭に準備を始めておいても、決して早すぎないどころか、むしろそれでも遅いぐらいなのが現実です。

つい最近、定年を迎えた私自身が、「これまで見ないようにして逃げ回って生きていたツケ」を払いながら、種々の後悔を抱きながら日々暮らしているのが実情です。

実際に、「生活保護以下」の実質年金支給額を手にして、「ビンボーしたくないなら一生倒れるまで働き続けるしかない現実」に直面してみれば分かります。現役時代にどれだけ「上流」や「勝ち組」、さらには「〇金」（後述）と呼ばれるクラスに属していたとしても、会社員はしょせん会社員です。

その多くは「定年」を迎えたその日から、たちまち「無価値」で「無用な人」となります。

そんな冷酷な現実を目《ま》の当たりにして、私はある一つの結論に達したのです。それは、

「いっそ『定年』なんかしなければいいのだ。そうだ、この先ずっと価値を提供し、その対価（給料）をもらい続ければいいのだ、それも、もっと高く。でも、いったいどうしたらいいのか？」

これからのミドルエイジ・サラリーパーソンが、否応なく直面する「ジョブ型」雇用制度

時代において、まず視野に入れておきたいのが、「ジョブ型」定年と、前後のライフプランです。

　これを仮の目的地と定め、そこにいたるまでの道のり（キャリア）で直面するであろう「ジョブ型」転職、そしてリスクである気になる「クビ！」までを、余すことなく語ります。さらに話を先へと進めてまいります。

2　「メンバーシップ型」から「ジョブ型」へ転職するには

「メンバーシップ型」＝日本企業から、「ジョブ型」＝いわゆる外資系企業への転職は、何も今に始まったことではありません。これからも着実にその数は増えていくでしょうが、課題があるとすれば、その転職の多くが一方通行ということです。

　もちろんその逆のケースも、ないわけではありませんが、「少数派」だといえます。そもそも、一口に「外資系」といっても、よくその中身を見てみると、そこにはある「大きな違い」が存在します。

　たとえば、私がこれまで勤務してきた外資系企業というのは、必要最小限の部分、すなわち「就業規則」や、残業規制を条件付きで免除するための「36《サブロク》協定」といった、日本法が要求する最低限のもの以外は、ほぼすべて本国と同等に経営されていました。

そんな、いわば「ほぼ完全な外資系」もあれば、会社名だけが外資らしい「実質ほぼ日本企業と変わらない外資系」も多く存在しますから、一概に「両者には行き来がない」、正確にいうと「行き来するには障害がある」とは言い切れません。

ですが、組織風土の面においても、また各種の制度においても、いわゆる慣れ親しんだ、似た者同士間での行き来、つまり「メンバーシップ企業間での転社」なら、まだ安心できると思ってきたのが、「ジョブ型」転職以前の姿です。ただ、これからはそうとばかりはいえなくなりそうです。

日本企業における「メンバーシップ型」での雇用制度とは、これまでにも述べましたが、同期生を中心とした会員制クラブそのものです。入会にあたって、厳しい審査（書類審査に入社面接試験など）がありますし、何より「卒業と同時に一斉に新卒で入社した者」のみが、「わが社の正統な文化を伝承する者である」との暗黙知が浸透しています。

さらにそこから、「同じ釜の飯を食った仲間」として時間と経験を共有することで、「苦楽を共にしてきた」という共通認識こそが、何ものにも代え難い、強い「擬似家族の一員としての価値観」を創出してきました。

ですから、たとえ縁あって中途転職してきた人間であっても、また能力と経験値がいくら高くても、「もとより会員資格がない」と見なされても仕方がないと思われてきました。

ですがそれも、これから「ジョブ型」転職が進むことで、大きく変わることでしょう。つまり「職務記述書」をもとにした、いわゆる「プロフェッショナル人材」を積極的に採用し、また登用を図るしか、これからの圧倒的な人材不足とグローバル化の波を乗り切る術《すべ》は見当たりません。

とりわけ、いくら口では「人材の多様性が大切だ」と言ったところで、本音の部分で「できれば日本人の若い優秀な人材が欲しい」と思っている限り、残された選択肢は「中高年の活用」もしくは「女性のさらなる活用」しか見当たらないのが実情です。

ちなみに、よく、「ジョブ型」採用では、「基本的に他の部署への転部・転属はない」ことを、「最初からやりたい仕事に就ける」こととしてアピールしていますが、その前提で他社から転職した者の目からすれば、「新卒メンバーシップ組」には、まだまだそのケース（他部署への転部・転属）が残っていると映ります。

そう、後者に対しては、「なんとか最後まで面倒を見よう」とする、いわば会社の「温情」

が感じられる一方で、前者の「プロ型採用」のケースでは、いわゆる「外資型」で指摘される「冷たい部分」である、「使えなくなったら切るだけの人材」と扱われるように思われる。それが「公平・公正な扱いではない」と感じられたとしたら、それは無理からぬ話です。「ジョブ型」では、自分が応募したポジション（職務記述書に記載されている）以外での社内での昇進・昇格は、本来望めません。これは、そもそも会社に「入社した（転社した）」のではなく、文字通り「転職をした」わけなのですから、それに対して不平・不満を言うことは、本来筋違いです。それが、「ジョブ型」転職における大前提なのです。

だからこそ「メンバーシップ型」の社員からすれば、彼らはしょせん外様《とざま》社員で、「自分たちとは違う人」と思うことで、彼らの多くが手にする「自分たちより高い給料」について納得する、ということもあるでしょう。

それがいわゆる「メンバーシップ型」から「ジョブ型」、すなわち「日本型」職能採用から「外資型」職務採用への転職の実態、とりわけ「ハイブリッド型」における現実だとすれば、これからの転職を考える際には、これまであまり真剣に考えてこなかった「外資系も視野に入れる」ことで、より自分の「可能性を広げる」ことが可能となります。

次の節でご紹介するのは、同じ日本企業への転職でも、たとえば「ジョブ型」を積極的に取り入れている「ほぼ外資系みたいな日本企業」への転職も含めた、「ジョブ型」転職にあたっての注意点です。

3 「片道切符」と「職務記述書」が基本です

やはり「片道切符」の転職になることは覚悟しておきましょう。前述したように、いったん「同期クラブ」から離脱するということは、二度と元（メンバーシップ型）へは戻れない、といったぐらいの気構えで臨みましょう。

もっとも最近では、一部の外資系企業で以前から導入されていた「アルムナイ制度」、つまり「自己都合で退職した元社員の出戻り」を歓迎するケースも、ちょくちょく見られます。いわば「隣の芝生はより青く見えた」ので、つい外に出てみたけれど、「やはり故郷が恋しい」と出戻った、というわけですが、忘れてはいけないのが、「そもそも自分なりの退職理由（問題点）があった」という事実です。なるほど、「その問題点が解消した」というならば「出戻り」もあるかもしれませんが、現実的には難しい場合が多いといえます。

時として、「〝逃げ出した〟にもかかわらず、うまくいかなかったからと悪びれずに〝出戻った〟」などと陰口を言われることもあります。それぐらいなら、さらに別の展開（いわゆる別の転職です）を模索した方が、現実的です。

また転職先で、**とりわけ外資系では「かなりの語学力を要求されるのでは」と心配する方が多くいますが、それはケースバイケースです。前述したように、名前は外資系でも、「内容は純日本風」という外資系企業も多く存在します**ので、あれこれ気を揉《も》むよりも「まずは応募してみる」ことをお勧めします。

事実、私は長い間、外資系の人事部長を務めながら、候補者、とりわけ日本企業から外資系企業へ「人生で初めての転職をする方の語学力」を見てきましたが、以前に比べて格段と上達していることがよく分かります。

おそらくその理由として、以前に比べて外国人との接触の機会が増えた世代でもあり、かつ、帰国子女もしくはそれに近い状態の方も多くなったことが考えられます。そんな現在、語学力そのものを気にして転職をためらうのは、とてももったいないと思います。

また「ジョブ型」転職は、前述したように「職務記述書をベースにしたオファーが基本」だ、ということを覚えておきましょう。

つまり、この人の学歴や人柄ならわが社でも活躍できそうだと判断するだけではなく、あくまでも経験と実績をもとにした「職務ベースでの雇用」だということです。

その前提を満たしてくれる候補者には、ポジションに見合った報酬が、「年齢」や「性別」、さらには「国籍」といった属人的な要素で差別されることなくオファーされます。いえ、「差別されることがあってはいけない」のです。

ですから、**この先あなたが、「役職定年」といった制度により、給与が4～5割も減ることが予定されている場合、「この時点で早期退職するならば、割り増し退職金がもらえるから」と、「ジョブ型」企業へと転職を決断するのも、一つの選択肢として考えるべき**です。

ただ、前述したように、たとえ一見したところ同じ「ジョブ型」であっても、日系企業のそれは、外資系での「ジョブ型」と似て非なるケースも多いですから、「思っていたのと違う」とならないよう注意が必要です。

いずれにしても、長くそこに身を置いたあなたなら、「メンバーシップ型」からの離脱には一大決心が必要となります。目先の「割り増し退職金」や「減収提案」に惑わされることなく、慎重に検討する必要があるのは、いうまでもありません。

ここであえて私見を申し添えるならば、40歳を超えてからの「メンバーシップ型」企業からの転身は、リスクが高いのであまりお勧めいたしません。

そうはいっても、この先に待ち構えるリアル「定年」を見据えた場合に、「今のうちに少しでも、より有利な職場に自分の身を置きたい」、そう悩みに悩み、考えに考え抜いた上での結論なら、もちろん私も心から応援いたします。

ただし繰り返しになりますが、「そんなリスクを取りたくない」と思い、「取らないできた」からこそ、今のあなたが「メンバーシップ型」企業で活躍できてきたわけですから、その「大事な事実」を熟慮した上で判断すべきです。

4 「ブラック＆ホワイト」企業

前述したように、私自身はこれまで、キャリアのほとんどを、いわゆる多国籍企業の日本支社・支店で勤務してきましたが、その経験からいえるのは、いわゆる「ブラック企業」というのは、会社の規模が小さくなればなるほど多いという事実です。

もちろん、大企業だからといって「ホワイト企業」とは限りませんし、その逆も真なりですが、中小企業だからこそ、オーナー企業だからこそ、いわゆるガバナンス、社内統制が機能しない、そもそも「存在していない」ケースを経験してきました。

たとえば前述したように、私ががんに罹患して長期療養を始める時に在籍していた企業でのことです。

同社は日本の大手投資会社でのIT開発を専門とする「外資風な日系企業」でした。何せ在籍する社員の国籍が「50カ国以上」という、おそらく日本でも指折りの「多国籍企業」だったのですが、同社のトップはパワハラを絵に描いたような方でした。

とにかく下品な英語（俗にいう〝Fワード〟です）を大声で連発しながら、社員を恫喝《どうかつ》・罵倒《ばとう》するのが日課の人でした。

人事的な観点から見れば、立派なパワハラ・セクハラ行為ですが、何しろ相手は私の上司です。なぜか私に対して直接声を荒らげることはありませんでしたが、彼の部屋から漏れ聞こえてくる「聞くに耐えない言葉」を耳にするにつれ、人事担当者として日々、忸怩《じくじ》たる思いが募《つの》っていました。

ですが、不思議とそんな彼の言動に対して文句を訴えてくる社員がいないのも、また問題でした。その多くは彼の昔からの子飼いの部下たちでしたから、すなわち「いつもの社長の癇癪《かんしゃく》」と受け流す慣習ができていたのでした。

思えばそんなストレス状態が、私ががんに罹患する一つの引き金となったのでは、と後になるとそう思いもします。それというのも、かれこれ20年近く、毎年受診していた人間ドックで、腫瘍《しゅよう》マーカー値が、同社に勤務を始めたとたん「要検査」状態まで跳《は》ね上がったわけですから、まんざら根拠のない話ではありません。

そんなこともあり、同社を退職したのは、そのパワハラ社長からの「退職勧奨」が私の背中を押した、というのが経緯でしたが、たとえ不本意な辞め方だったとはいえ、内心では「さっさと辞めて正解だった」と思っているケースの一つなのです。

また、そんな典型的な「パワハラ」「セクハラ」ではなく、さらに酷いケース——ちなみにもし仮にここが米国の職場でしたら、一発で「敵対的職場環境」に抵触する経験——もありました。

詳細は省きますが、入社初日から、どうしたことかある人から「目の仇《かたき》にされた」というものでした。これとておそらく今のあなたが勤める職場ではあり得ない、よしんばあったとしても、「すぐに社内通報制度で解決する」かもしれません。ですが、そもそも「ブラック企業にはそんなガバナンスが存在しない」のが実情です。

世間では「ブラック企業」といえば、「長時間労働」に「残業代の不支給」というイメージがありますが、入社前には「人あたりがよさそう」に見えた会社や人であっても、入社後になって初めて気づかされるケースも多いでしょう。俗に「ゆるブラ（企業）」と呼ばれる「グレー以上、ブラック以下な会社」は、思いのほか多いのではないでしょうか?

もちろん「ブラック」があれば、反対に「ホワイト企業」だって、いや当然その方が多く存在します。ですから、もし今のあなたがそんな「ホワイト企業」に勤務しているのなら、他人の目にはうらやましい、ラッキーな人として映っているのは間違いありません。

とはいうものの、世の中、「ホワイト企業に勤務している」イコール「幸せ」なのかというと、そうとばかりは限らないようです。そう、「恵まれすぎている」という、そんな状況が「当たり前すぎて」、反対に「より刺激を求めて転職を考える人」もいるのです。なんとも贅沢《ぜいたく》な話なのかもしれませんが、それもまた現実です。

「世間体もよく、福利厚生も充実して給料もよく、休みもきちんと取れる」といった会社にいて、何が不満なのかと思われるかもしれませんが、「自分のたった一度しかない人生を、このまま終えてしまって本当にいいのか?」という葛藤《かっとう》は、今も昔も変わらないものです。

「人の一生は短い」とか、「やらないで後悔するくらいなら、むしろやって後悔したい」と考えて「転職」を決意する人も多くいます。何よりこの私がそのいい例といえます。

友人から「お前はやりたいことをやってきたから、（たとえ今日死んでも）後悔はないだろ」とよく言われますが、彼のその見立てには賛同しかねます。なぜなら、転職は、結局のところ「してもしなくても、後悔はするもの」だからです。

人生がもし仮に、数本の異なるシナリオで同時進行しているものだと夢想してみても、どの選択肢を選んだところで、結局は「隣の芝生はいつも青く見える」ものです。ですから、これからのあなたには、「全く後悔しない」人生を目指すのではなく、「後悔はできるだけミニマイズできた」といえる、そんな人生を送ることを主眼としてもらいたいのです。

そう考えて、「次のキャリアはスタートアップ企業で」と夢見て転職を決める人もいるかもしれませんが、どんな場合にも「向き・不向き」が付きまとうのは、ここでも同じです。

5　「スタートアップ企業」を考えてみる

大企業で経験を積んできた人の中には、さまざまな理由から、スタートアップ企業へ転職する方も少なくありません。

実際に、私自身が転職活動をしていると、「スタートアップ企業からのお誘い」を数多く目にしますし、実際に何社かに応募した経験もあります。

また、大企業からスタートアップ企業へ実際に転職した人たちから、面接を通じて直接お話を聞く機会もありましたし、活躍されている様子を拝見する機会にも恵まれました。

そんな中、とある最終面接の最中に、「貴殿はウチのようなスタートアップ企業で働くより、大組織の方が向いていそうだ」と、表向きはそう言いつつ、それを「不採用の理由」にされた経験があります。

私自身は、すでに前期高齢者とされる65歳を過ぎていますので、いわゆる大企業での正社員募集にいくら意気込んで応募したところで、「すべて門前払い」となり続けてきましたが、スタートアップ企業は別です。時として、ベンチャー企業の創立者から、「面白そうな経歴ですね」と高く評価され、二次面接へ進むこともありました。

が、残念ながら、その際のすべての評価（お断り文句）は何かというと、前述した「ウチよりもっと大手の方が活躍できそう」というものでした。

正直にいうと、その見立てはある意味「当たっていた」のです。事実、大手企業とスタートアップ企業、それぞれに求められる能力や経験というものには、自《おの》ずと違いがあります。

たとえば、「スタートアップ企業」の面接でよく耳にしたのが、「ウチは大手と違って、まだ何も（組織も人も何もかも）揃っていないせいで、一人がやるべきことが多いのですが、それは大丈夫ですか？」というものがあります。

もちろん「できる・できない」の能力の話ならば、大手企業で長年頑張ってきたあなたにできないわけがありません。ですからむしろ、そんなあなたが、その仕事を「本当にやりたいのか否か」が真の質問の意味となります。

ちなみに私は、大学を卒業した新卒の時、とある化学メーカーに勤務しておりましたが、その時に京葉コンビナート地区において、当時最先端の化学プラントを建設するチームに配属された経験があります。

それは、いわゆるスタートアップ・チームにおける、たった一人の「事務屋」でして、つまり人事・総務・渉外から事務コンピューターにいたるまで、それこそ事務所プレハブ建設から鉛筆一本の手配にいたるまでの「非技術系の仕事一切を担当させられた」という、貴重な経験をした時代でした。

その意味で、「私ほどスタートアップの経験を、若くして積んだ者はいない」と胸を張って言えておりましたが、ただそれも「かなり昔の話」となります。

実際に、今の私がその当時と同じような熱量を持って仕事に取り組めるのか、と問われれば、「やれないことはないですが、正直やりたくないです」となります。つい今しがたまで大企業に勤めていたあなたにしても、私と同様なのではないでしょうか？

今のあなたが、たとえば「もっと仕事に刺激が欲しい」とか、「今の会社には自分の居場所がない」といった理由から、いわゆる「隣の芝生は青い」と感じたその「スタートアップ企業」で、本当の意味で「長く今の情熱を保ったまま勤務し続けることができる」ものかどうか、冷静に立ち止まって考えてみた方がよいかと思います。

6 「家族から反対された」ら、どうする？

転職希望者は各世代で増加傾向にある。２０２２年の総務省の労働力調査によると、中高年の世代で伸びが目立つ。定年前の人が多い55～64歳、団塊ジュニアの45～54歳では18年時より2割以上増えた。

（『日本経済新聞電子版』２０２３年10月16日）


この傾向に特段の驚きはないのですが、同記事によると「ただ、家族の同意を得るのは簡単ではない」とあり、紹介されていた「反対された主な理由」が気になりました。

それによると、そもそも「転職自体に良くない印象がある」「年収が下がる」「大手企業勤務等、肩書きがなくなる」が反対理由のトップ3だったのだそうです。

ここからは、今まさに「定年」を目前に控え、「転職しようか」と真剣に思い悩んでいるあなたの背中を、私が一押しすべくアドバイスをしたいと思います。

と言いつつ、「思いとどまるように」とアドバイスもいたします。「どっちつかず」で恐縮ですが、「それが正直な私の気持ち」であることも、この際、あえて述べておきたいと思います。

ではまず、そもそも「なぜ家族は、転職によい印象を持たないのか？」について考えてみましょう。

前述したように、私自身は、65歳の定年までにトータル14回の転職を繰り返していますから、転職に反対する家族から見たら、私は「とんでもない人」だと断言できます。

ですから、そんな私が、14回の転職経験から、「転職はおやめなさい」と主張するとしたら、反対しているご家族にとって「これほど心強い援護射撃はない」に違いありません。

ここではその期待にお応えすべく、今、真剣に転職に踏み出そうとしているあなたの気持ちを、できるだけ「グラつかせてみる」ことを試みたいと思います。

そもそも「良くない印象」の理由の大部分は、「今さらリスクを冒さないでほしい」というものであるはずです。

前述した「年収が下がる」や「大企業に勤めていると言えなくなる」というのも、これまで我慢して働きながら手に入れていた特権の数々を手放すことを意味しますから、「そんな危険を冒してまで転職する意味が分からない」というご家族の気持ちはよく分かります。

たとえばあなたは、これまで「20年以上同じ大企業に勤めていた」と仮定します。

いうまでもなく、これまでに「いいこと」も「イヤなこと」も数多く経験してきたはずです。そんな中、これまで「家族のため」「自分のため」に、辛抱しながら何とかサラリーパーソンを続けてこられたという「輝かしい実績」を忘れてはいけません。

それ自体「自慢していいこと」であると同時に、あなたのコアな価値観が反映された行動を表しています。そう、それは、「できるだけリスクは取らない」という価値観です。

もちろんこれまでの会社員生活を通じて、さまざまな判断を下してきたでしょうが、それはあくまでも「大企業の社員」というフレームの範囲でのことです。

言い換えれば、寄るべき大樹がある前提でのリスク・テイクだったわけですから、本当の意味でのリスク・テイクとは違います。でもそれでよかったのです。また家族もそんなあなたに安心感を覚えて、それなりの紆余《うよ》曲折《きょくせつ》を共に乗り越えてきたというわけです。

そのようなあなたが、これまで「人生の依《よ》り代《しろ》」としてきたこの大樹から、「他の細い依り代」へと転じるというのは、家族の目には「到底受け入れられない、ハイリスクな選択」に映るのも当然といえます。

繰り返しますが、あなたは、これまで20年以上にわたって「寄らば大樹の陰」といったライフスタイルに、それこそどっぷりと浸《つ》かってきたのです。

その事実が教えてくれるのは、なんのことはない、「それが自分の性に合っている」ということです。もしそうでなければ、「これまでにとっくに転職していたはず」だと思います。

次に、「年収が下がる」や「立派な肩書きがなくなる」といったリスクを、なんとかクリアできたとしても、もしあなたが、「最後に一花」や「やりがいを求めて」といった、ときめく気持ちを「他社に求めている」のだとしたら、「よくよく損得勘定をして」から、ご家族が納得できる形でお話しすることが必要です。

何度も言いますが、これまで20年以上の長きにわたって、一つの会社でサラリーパーソンを続けてきた人間が転職するのは、あまりにリスクが大きすぎます。さらに、もしもあなたが「世間から一目置かれるような大企業の中高年社員」なのだとしたら、いわゆる「早期退職制度」の利用すらお勧めしません。

できればこの「反対理由」の部分をコピーして、心配されているご家族にお見せいただいた上で、それでもなおあなたに、「どうしても転職せざるを得ない理由」があるのだとしたら、それを冷静にお話しされるのがいいでしょう。

たとえば、どれだけ職場で長年にわたって「かわいそうな目にあってきた」かを示すとか、「金銭的には不安はないので、安心してほしい」と具体的に示すといったことです。

その際には、職場でいつもやっているように、「転職して大丈夫だった具体例」を、できるだけ紹介することです、たとえそれに、「多少の失敗例」が含まれるとしても、包み隠さず話すのが大切です。

いずれにしても、今、真剣に転職しようかと思い悩んでいるあなたにとって、すでにその答えは出ていることでしょう。

おそらく家族が反対する理由には、今のあなたが会社で置かれている状況を、「よく理解できていない」ことが大きいのではないでしょうか。なぜなら、あなたのことですから、私のような「我慢が足らない」「辛抱することを知らない」といった理由だけで転職を決意したわけではないはずだからです。

そんなあなたが、人生の一大決断をしようとしているのには「それなりの理由がある」わけですから、決してあきらめずにご家族に説明されるといいでしょう……と、ここまで来ると、おそらくあなたはひどく困惑されているかもしれません。

――あなたは転職に反対しているのか、それとも賛成しているのか、いったいどっちなのだ？

その答えは、前述したように「じつはそのどちらも」なのです。

「お勧めする理由」には、その「我慢」や「辛抱」にはいったいどれだけの価値があるのか、といった思いがありますし、他方「お勧めしない理由」としては、前述したように、あなたには、本当の意味でのリスク許容度がないと思われることがあるからです（その根拠は繰り返しますが、すでに20年以上同じ会社にとどまり続けることができたのがよい証拠です）。

その上で最後に決めるのは、当然、私でもなければあなたの家族でもない、そう「後悔するもしないも、あなた次第である」わけなのですが、そもそもあなたがそこまで悩んでいる時点で、私の目から見れば「おやめなさい、その転職は」と、ご家族の肩を持ちたくなるのです。

たとえば、その最後の転職が「水平移動」、すなわち大企業から大企業へ、もしくは中企業から中企業への移動なら、まだリスクも少ないでしょう。それはいわば「同類婚」――似た者同士での「離婚」と「再婚」だからです。それなら、お互いの違いが許容できる範囲だといえます。

ただ、それがもし「あなたの大企業での経験を、スタートアップ企業で活かしませんか？」といった誘いに応じるような場合には、やはり話は違います。

ちなみに『日本経済新聞』朝刊（２０２２年7月13日）の記事で、大手人材紹介会社の「エン・ジャパン」による調査が掲載されていましたが、それがいい例といえます。

それによると、実際にスタートアップ企業に転職したミドル世代（30～50代）に聞いたところ、「想像していたよりも転職先が良くなかった」と回答した人の方が、「良かった」と回答した人より10％ほど多かったということです。

「大企業出身の中高年が多く、意外と保守的だった」という40代女性の声を紹介し、「転職後のミスマッチを防ぐには入社前に社員の話を聞くなどして企業風土を確かめる必要がありそうだ」などとしていましたが、この記事なども参考になるでしょう。

一般的に、採用オファーをもらった時点で、転職者の気持ちはピークに達しており、相手企業になんとなく感じた「多少のアラ」も、私の経験からしても「目をつぶる傾向」がありますし、「とどのつまり、やってみなければ分からない」と都合よく結論付けてしまいがちです。

ただ前述したように「意外と保守的」なのは、大企業の社員に求められる一つの美徳でもありますから、それと全く反対の「進歩的」な性質を、大企業の社員に求めること自体、そもそも矛盾していると思われます。

そういうわけで、これまでなんだかんだ幸せにやってきた大企業の社員だったあなたには、私も、そしてあなたの家族も、とても「転職は勧められない」のです。

とはいうものの、「それでも転職したい」「どうしても」というあなたもいるはずです。

そんなあなたに、最後に私から、「これだけはやった上で、前へ進もう」という、心からのアドバイスをしておこうと思います。

7　自分にとって「かけがえのないもの」をハッキリさせる

「ジョブ型」転職にせよ、そう遠くない将来に選択するかもしれない「早期退職」や「希望退職」にせよ、なんであれ、いざ離職することになれば、次にあなたが直面するのは、再就職活動となります。そうなった時に、あなたが真っ先に取り組むべき課題があります。

それは、自分にとって「かけがえのないもの」、言い換えれば、あなたがこれまで大切にしてきて、これからの再就職活動においても、絶対に譲《ゆず》ってはならない自分の「価値観」を、この機会にきちんと認識しておくことです。

たとえば、これまでのキャリアを振り返ってみると、もちろん辛いこともあったでしょうが、その一方で「幸せだった」「嬉《うれ》しかった」ことも少なからずあったはずです。

願わくは次のキャリアでは、より幸せな思いを多くするためにも、「自分は本心では、いったい何を大切にする人間なのか」ということを、真剣に振り返っておくことが大切です。

私はこれまでに、そうした価値観を15のテーマに分類し、その各々について具体的に解説し、そうした自分の内なる価値観を見える化し、活かす方法を紹介してまいりました。

その際、そうしたあなたにとってのかけがえのない価値観（コア・バリュー）を「絶対価値観」と名付け、近著（『「絶対」価値観。――人事のプロが教える「自分の軸」の見つけ方と使い方』日本経済新聞出版）では、自分の絶対価値観を知るための簡易ウェブ診断（バリュー・ファインダー）へのアクセスコードをつけてお役立ていただいています。

ちなみに私がご紹介した「15の価値観テーマ」とはいったいどんなものかといいますと、「出世／競争／愛／創造性／安定／名声／家族／自由／健康／誠実／つながり／知識／快楽／信仰／富（お金）」の15項目です。

よく、「自分の価値観はこの15項目には見当たらない」という質問が来ます。たとえば、「今の自分にとって一番の絶対価値観は『他人への思いやり』だと思っているのだが、この中にはないみたい」といったことです。

その際には、まず、その「思いやり」という価値観が、他人への「愛」と言い換えることができないものかどうか考えてみてください、とお伝えしています。それでもし納得されるならば、バリュー・ファインダー上の「15の価値観テーマ」の一つである「愛」をあなたの絶対価値観の一つとして選択します。

その一方で、「いや、あくまでも私にとっての『思いやり』は、『思いやり』という言葉自体で表されるものであって、他の価値観を示す単語には言い換えることはできない」という場合もあるでしょう。その場合は、どうかそのままご自身の価値観の単語の方（この場合は「思いやり」）を大切になさってください。

大切なのはあくまでも、本心から選択したあなたの絶対価値観をハッキリと「見える化」

することですから、無理に「15の価値観テーマ」に合わせる必要はありません。

前述したように、これら15のクラスターに分類された絶対価値観は、同書の巻末に添付したパスコードを使って、ウェブ上で簡単に取捨選択ができ、自分の価値観をハッキリと「見える化」できます。機会があればぜひお試しください（宣伝のようですみません）。

8　会社とあなたの「価値観」が違ったら？

前述したような方法を参考にして、この機会にハッキリと認識できたあなたの価値観が、次の就職先の企業が大切にしている価値観と、できるだけ多く一致していることが理想です。

ただ現実的には、それが「１００％一致している」ことはないでしょうし、またその必要もありません。むしろ大切なのは、いったいどの価値観が一致していて、どれが「不一致な価値観」なのかを、事前に確認しておく点にあります。

その結果、より心地のよい一体感が持てる、いわば「ストレスの少ない会社や職場」に再就職ができるのなら、それは採用する企業にとっても、そしてあなたにとっても最良なマッチングだと思います。

他方で、もし決定的に価値観の違う者同士が、一緒に長く働くことになったとしたら、その場合にはどこかの時点でお互い「相容《あいい》れない局面」が訪れるかもしれません。たとえそんな「居心地の悪い状況」が来ないとしても、多くの場合、そんな価値観の違いから来るストレスから、不安や不満を抱えたままの日々を送ることになるでしょう。それはいわば「自分の気持ちを騙《だま》しながら仕事を続ける」ことになるわけですから、その辛さは想像に難くありません。

ひょっとしたら、そんな経験をすでに今の職場で「嫌というほど重ねてきた」からこそ、そのことが今回のあなたの退職理由につながっているのではないでしょうか？

この機会に、ハッキリと「どうして合わないのか」を認識することができたなら、自分にとって、「どうしても譲ることができない」価値観を、次こそ満足させてくれる会社（組織）を、最初から選択すべきです。

そうした理解のもと、幸いにも出会う機会に恵まれた再就職先の会社では、そんなあなたの頑張りも手伝って、ますます社業も発展していくに違いありません。

そういった、「相思相愛」なよい関係を生み出すことこそが、これからのあなたの人生をより楽に、より幸せに過ごすための王道といえます。

とはいうものの、いくら頭の中で理解していたとしても、現実には、さまざまな現実的な妥協から「あえて目をつぶって」日々を送ることも多いものです。かくいう私だって、かつては程度の差こそあれ同じでした。

それでも私の場合は、少なくとも自分の「絶対」価値観をハッキリと認識できていた分、自分のコア・バリューを「曖昧にしたまま」とは、決定的に違っていたと思っています。

それは、たとえば異なる価値観がぶつかった時に、どの点がお互い相容れないのか、どうすれば妥協でき、あるいは妥協すべきではないのかがハッキリと分かっているからです。

そうしてその結果として、さまざまな困難な状況（それこそ「クビ！」にしたり、なったりといった場面においてです）でもなんとか立ち向かってこられました。

決してブレない、そんな大切な価値観に、早く気がつくことのメリットとして、たとえばあなたにとって大切な、「手段と目的」の意味の違いを理解し、折に触れて繰り返し自問自答できるということがあります。

そしてそのことは、来たるべき就活時や転職時のみならず、残りの人生を通じて、それこそあらゆる場面で役立てることができます。この機会にきちんと向き合い、整理して次に向かうことは、後々大きな差となって表れることでしょう。

私は、「絶対に譲れない本音の価値観」のことを「絶対価値観」と名付けましたが、それは言い換えれば、あなたの次の再就職先で「なくなってもらっては困る価値観」でもあり、さらにあなたの幸福度は「その絶対価値観が充足することで高くなる」ことを意味します。

また、「絶対」というかなり強い言葉を使っていますが、それは「他にとって代わるものがない」という意味でもあります。時にそれは「コア・バリュー」とも呼ばれるものですが、世の中にはそうそうこんな「絶対」にふさわしいものは存在しません。

さて、次からは、私たちがつい「直視することを避けてきた」もう一つの「事実」である、「高齢者の（経済的な）立ち位置」について考えてみることにします。

9　あなたを待ち受ける「小さな仕事」とは

「貴殿に企業からのオファー2件が届いています。気になる求人には、ぜひお早めにご応募ください」

このメールは、私が「定年」後に、実際に、とある大手人材紹介会社（登録型）から受け取った「スカウトメール」の一例です。
もちろん「仕事のオファーが届いている」と言われて、心が躍《おど》らない求職者はいませんが、その期待はすぐに打ち砕かれることになります。そのオファーの内容を具体的に見てみましょう。

【本日到着のオファー】

＃1
企業名：株式会社〇〇〇
仕事内容：ホテルの警備／定年70歳／ほぼ屋内業務／全員面接確約
件名：【〇〇グループからの面接確約オファー】
都内〇〇ホテルの施設警備／定年70歳／経歴・学歴不問／基本的に2日に1回の出勤
屋内業務がメインの為天候に左右されることが少なく働きやすいです！

＃2
企業名：株式会社△△△

仕事内容：屋内警備／モニター監視・受付など／全員面接
件名：【面接確約】
50～60歳以上採用実績多数！初心者大歓迎！／室内警備／モニター監視、受付等／体力的にも安心です！水族館／映画館／劇場など人気の施設多数！70歳まで働けます！

この二つのオファーをご覧になって、いったいどんな感想を抱かれたでしょうか？

「おおっ、すごいですね。65歳を過ぎてもまだそんなオファーが来るなんて」

そう思われた方も、中にはいるかもしれませんが、少しでも私の経歴をご存知の方は「苦笑い」をされていることでしょう。

ここには「面接確約」「定年70歳」「屋内」「初心者歓迎」「体力的に安心」といった、高齢者が喜びそうなキャッチコピーが溢れているのは事実ですが、私のこれまでの経歴とは全く関係のないものばかりだからです。

おそらく同じ文面のオファーは、私のように定年を迎えた高齢者全員に向けて、「一斉メール」の形で送信され、実際の求職者の経歴や希望を考慮していないことが明白です。

そんな十把《じっぱ》一絡《ひとから》げなオファーを送りつけてくる人材紹介会社もお粗末ですが、その一方で、

「こんなもんでも送っとけば、何人かは喜んで尻尾を振って応募してくるだろう。何しろ相手は職に困っている高齢者なのだから」と、完全に相手に舐《な》められている現実に、正直、腹が立って仕方ありません。

とは言ってみたものの、「あながち的外れではない事実」も含まれているのも確かです。それには高齢者に対して世間が持つ「ステレオタイプな偏見」が大きく影響しています。それと同時に、雇用側にそう思わせている高齢者側にも問題があります。

一例を挙げると、よく耳にする言葉として「高齢者は自らの地域コミュニティに、もっと貢献すべきだ」というものがあります。

そのこと自体は、私個人としても異論はありませんが、問題はその貢献に対して「もう高齢者なのだから、無報酬またはそれに近い条件が当たり前」としている、そんな「虫のいい考え方」であり、そこに憤《いきどお》りを覚えるのです。

――もう年金だってもらい始めているし、ほら、よく「ありがとう」って感謝されるのが、高齢者は何より嬉しいって耳にするしね。

高齢者の厚意からの行動に対して、それをあたかも当然の前提であるかのように「タダ働き」を期待する話には、甚《はなは》だ同意しかねるのです。これは「役職定年者」のケースにしても同様です。

昨日までのあなたの労働への対価が、正当なものであればなおさらのこと、「今日からは昨日までの給料の半額で」と平気で「給料を値切る」雇用主の無神経さが我慢できません。

それは、「今日から管理職ではなくなるので」という理由で「給料が半額近く減給される場合」に顕著となります。

その理由として、「給料の半分は『管理能力』として評価した上で昨日まで支払っていたが、今日からはその必要がなくなる（ので半額で）」ということのようですが、これまで「ジョブ型」でもない「メンバーシップ型」の雇用制度を維持してきた会社で、このような減給を提示し、半ば強要するのは不公平だと考えます。

それと同様に、高齢者がその持てるスキルを使ってする行動、たとえそれが「お世話になっている地域社会への恩返しの行動」であったとしても、その「労働」に対する対価が「最低賃金、もしくはそれに毛が生えた程度が当たり前」であるかのように扱うのは、アンフェアだと思います。

そうした「タダ働きで地域貢献をするのが当然である」かのような風潮は、スキルとやる気を持った高齢の労働者に対して不当な偏見を生むと考えます。

もし仮に、「無償が前提のボランティア」で、「あらかじめそれを納得した上での応募」なら、それはご本人の意思を尊重すべきだと思いますが、その場合でも、本来なら、まず正当な「労働の対価」としての報酬金額を提示した上で、それを寄付とするかどうかを、本人に確認するやり方が正しいのでは、と思います。

「定年」前後にもなると、また、だんだん社内で年齢が上がるにつれて、希望するような雇用機会に出会うことが、正直、格段と難しくなります。それは私にしても同じでした。

当然、年齢に応じた「嫌な目」にも遭《あ》い続けることになります。目の前の現実に、うまく適応しながらサバイバルするのが大切なことぐらい、これまで長年にわたって会社員生活を生き抜いてきたあなたのことです、分かっていることでしょう。

次の節では、そんな私が、実際に出会った「嫌な目」をご紹介しながら、それをどうやって乗り越えてきたのかについてお話ししておきたいと思います。

10　「小さな仕事」が魅力的に思える日

みなさんが将来、「定年」後に、機会に恵まれて再就職の面接に進んだ時に、ひょっとしたら私がここ何年も感じてきた、ある「疑惑」と同じ思いを抱かれるかもしれません。

ちなみにその「疑惑」とは、「ひょっとしたら、自分は『当て馬』候補者なのではないか」というものです。

今まだ30～40代のサラリーパーソンにとってみれば、このような扱われ方は「まだまだ自分には無縁なもの」でしょう。ただし、年齢が上がると、ほぼ例外なく、前述したように「1%の面接のチャンスでも、まだあるだけマシだ」と思うことになります。

すると私自身がそうだったのですが、その一見すると「ラッキー」と思える久々の面接や、時に「カジュアル面談」と呼ばれる面接を受けた際に、ふと次のような疑惑を強く感じる瞬間があるのです。


――本気で私を採用するつもりがあるのか？

つまり、リクルーターにしてみれば、その職責上、やはり「候補者数名と面接した」という結果を残すことが求められているからです。いわゆるＫＰＩ（key performance indicators：重要達成度指標）と呼ばれる「数値目標」の一項目にあるからです。

結果として、最初から「当て馬」候補者の一人としての私は、見るからに採る気がなさそうな、形ばかりの面接を受け続けることになります。

もっとも、私がそう感じたとしても、面接官に面と向かって「この面接って、本気で採るためのものじゃないですよね？」と聞くわけにもいかず、案の定あっけなく終わってしまった面接に、「ま、書類審査をパスしてここ（面接）までたどり着いただけでも、歳を考えればまだマシか……」と、自虐的に思いながらも、やはり密かに次のチャンスを期待している惨《みじ》めな自分がいる、それの繰り返しとなります。

そのように扱われることが続くと、やはり、先にご紹介したような「面接確約」で、しかも採用される可能性が高そうな「小さな仕事」が、ことのほか魅力的に思い始める気持ちも、私にもよく分かります。

ことほど左様に、「定年」してしまった後の「高齢者の仕事探し」とは、まさに「黄昏《たそがれ》る」

ものです。ちなみに、定年後にそんな「小さな仕事」を通じて、「豊かな暮らし」を手に入れたケースが紹介された、ある書籍があります。『ほんとうの定年後――「小さな仕事」が日本社会を救う』（坂本貴志著・講談社現代新書）という題名の本の中で、著者の坂本さんは次のように述べられています。

> 各種施設で活躍されている警備員・管理人には高齢の方が多い。駅前の車両の管理、公共施設の整備といった仕事についても、日頃意識している人は少ないだろうが、こうした仕事が私たちの日々の生活を陰ながら支えている。

私も本当にそうだと思います。そんな「公共設備の整備」には、たとえば私たちがお世話になる公共トイレなども含まれます。

昔も、そしてこれからも、思えば黙々とキレイにしてくださっている高齢者の方々のおかげなのですが、ふと気づくと、その「高齢者」の中に、私自身がとっくに加わっているわけで、だからこそ前述したような「面接確約のメール」が送られてくるわけです。

さらに坂本さんは、以下のような正直な気持ちを披露しておられます。

彼らがなぜ歳を取ってまで働いているのか。その個々の事情まではわからない。生活には十分に余裕があるが少しでも誰かの役に立ちたいと思って仕事をされている方もいれば、日々の家計の足しにすることを目的としながら働いている人もいるだろう。

実際、私にしても、他人である彼、彼女らの「本当の気持ち」を知る由もありませんが、確かに「世間とつながりを保ち続けたい」という気持ちは私自身にもあり、その一つの手段として「陰から支える仕事に就く」というのは、今後も大いにあるとは思います。とはいうものの、残念ながら同氏に賛同しかねる部分もあり、具体的には次の点になります。

定年後の仕事の実態を丹念に調べていくと浮かび上がってくるのは、定年後の「小さな仕事」を通じて豊かな暮らしを手に入れている人々の姿である。

この私にしても、「他人の本当の気持ち」は分かりようがありませんから、どういう根拠で「豊かな暮らしを手に入れている人々の姿」として坂本さんの目に映ったのか、それを知る術を持ちません。

ただ、定年後の高齢者の多くが「実際に日本経済のある部分を陰ながら支えている」というのは事実です。

でもそれが、「ある人にとって豊かな暮らしを手に入れた」と映るにしても、やはりその一方で、「どこから見ても豊かな暮らしをしているようには見えない」と私が思うのも自然ではないでしょうか？

繰り返しになりますが、「他人が本当はどんな思いでいるのか」を知る術を、誰もおそらく持ち合わせていないでしょうが、確かに坂本さんのおっしゃるように、「その多くの人々にとって、そんな小さな仕事でもあるからこそ、豊かな暮らしを手に入れられたのだ」と思いたいものです。

そんな私たちは、「本当に豊かなのか？」について、この機会に一度、真剣に考えてみるのも、有意義ではないでしょうか？　そのためのヒントを、次の章ではご紹介してまいります。

第5章　「クラス分け」と「老後のお金」のお話

1　「クラス分け」と「老後のお金」

――あの人は、銀のスプーンをくわえて生まれてきた人だから……。

この有名な慣用句は、銀で作られたものがとても高価であった時代に、「そんな銀のスプーンがあるような裕福な家庭に生まれた赤ちゃんなら、きっと幸せな子だ」と、人々から言われたことが起源だそうですが、今ならさしずめ「親ガチャ」と表現するのかもしれません。

その昔、ここ日本では、誰が言い出したのか、「一億総中流」という幻想が生まれ、それを今もって頑《かたく》なに信じている、いや信じようとする人が多くいます。ですが、少なくともあなたには、そんな「まやかし」を信じてほしくないと思っています。

ちなみにみなさんは、『金魂巻《きんこんかん》』というタイトルの本が、おそらくあなたがまだ生まれていない頃、そして私と同じ世代であるご両親が、ちょうどサラリーパーソンになるかならないかの頃に出版され、当時は超がつくほどのベストセラーになったことを知らないと思います。ここではその本の話です。

『現代人気職業三十一の金持ビンボー人の表層と力と構造　金魂巻』（渡辺和博とタラコプロダクション共著・主婦の友社、後に筑摩書房と主婦の友社で文庫化）というのが、その正式なタイトルです。１９８４年（昭和59年）に出版され、ベストセラーとなりました。

その当時は、著者がつくった「〇金《まるきん》」「〇《まる》ビ」という言葉が、「第１回流行語大賞」にも輝いたほどのヒット作でした。

そんな同書による、「31の人気職業を徹底的に観察し、楽しく調査研究した」という触れ込みのランキングは、それはそれは大変評判を呼んだものです。

ちなみに、その「31の人気職業」の中には、いわゆる、「サラリーパーソン」を代表する職業として、わずかに「銀行員」と「商社マン」の二つだけが紹介されています。

今回、本書を執筆するにあたって、再度調べてみて気がついたこの新事実には、正直驚いたのと同時に、この「会社員」という職業は、その当時から、私が思っていたほど「人気がなかった」事実に、今さらながら気づいたというわけです。

その昭和59年という時代は、その年に生まれたとしても「今年（２０２４年）で満40歳」なわけですから、「そうそう、よく覚えているよ」という読者がいたとしたら、私と同様に「昭和な人」といえます。あなたにとって同書は、いわば「自分の親世代が、若い頃に読んでいた流行本」といったところでしょうか？

なぜ私がそんな「大昔の本」を、この機会にわざわざ紹介しようとしているのかというと、同書が極めて的確に「中流意識とは何か」「金持ちやビンボー人とは、どういう人を指すのか」について考える、一つのキッカケになるからなのです。

たとえば、同書の「前書き」には、次のようなくだりが出てきます。

> 皆さんの周りには、外から見ただけで明らかにお㊎持の人とビ⃝ンボーの人がいることと思います。
>
> これはなぜでしょうか？

その人を2日ぐらい観察していると、〇〇〇〇に気づくと思います。（中略）私たちは、この〇〇〇〇を冷静に観察しているうち、ついにある法則性を発見したのでした。

めんどうなので、**金持の人**を㊎、**ビンボーの人**を㋪゙として話を進めます。

それから四十年あまりが経った現在では、この本で用いられた二項対立の構図を指して、一方を「勝ち組」、他方を「負け組」として呼び替えた上で、「格差社会」や「分断社会」に代表される日本の実態として、一般化されている事実は、よくご存じの通りです。

ここからお話ししようとしている内容は、じつはこれまで、私たちが意図的に「気づかない」「見ない」フリを繰り返してきた挙げ句、とうとう定年を迎えることになってしまった、「〇ビ」な「勝ち組」、もしくは一見「〇金」のようで、そのじつ「負け組」だったサラリーパーソンを中心に据えています。

ちなみに著者の渡辺和博さんによると、ホンモノの「〇金」が持つ強みとは、「お金が余って幸福なので、いつもニコニコしている」、その結果「善人に見えるので他人から好かれ、他の多くの㊎仲間が合体して、よりいっそう㊎の地位を固めていきます」と分析されていました。これはいわゆる「金持ちケンカせず」「類は友を呼ぶ」という広く知られた事象を分かりやすく表現したものといえます。

一方で、いわゆる「〇ビ」が持つ特徴は、「ビ⃝も㊎になりたいと願ってしまうこと」なのだと、かなりネガティブな指摘をしていますが、これは悲しいことに「的を射た表現」といえます。

さらにやっかいなことに、一度歩み始めた「〇金」と「〇ビ」のコースは、なかなか変更できないという指摘があります。その悲しい事実を、長年「気がついていないフリ」や「見ないフリ」をしてきた結果がもたらした、越えようもできない分断の壁を、「残酷にも突きつけられる」のが、いわゆる「定年」といえます。さらに分析はこう続きます。

> **かつてのビ⃝は、健気《けなげ》な庶民としてやりくりをつけ、清く正しく生きていたものを、現代では見栄のビ⃝がノーマルになり、自覚がなくなってしまった**（＊太字は著者）

つまり、〇ビの〇ビたる所以《ゆえん》とは、問題の根源に対する冷静な自己分析の欠如にある、と結論づけています。すなわち、本当の自分の置かれている状況に対して、「見ないフリ」「気づかないフリ」「知らないフリ」といった、いわば「フリの3連発」をし続けた結果でもあるのだ、という鋭い分析がなされていたのです。

でも、ほら、カタイ話は抜きにして、思う存分笑ってみてください。きっとあなたの中にしっかりとした㊎と(ビ)の境界線が芽生えてくるはずです。

そして、あなた自身が(ビ)にならないことを祈っています。

同書の前書きは、このような優しい言葉で結ばれています。

しかしそんな優しさはまた、令和の現代において、巷《ちまた》に溢れかえる「年金・老後生活指南書」の類において散見される、「ビンボーでも大丈夫」とか、「少ない年金支給額でもやっていける」といったセリフと同様に、「何の気休めにもならない」ことに、あなたならすぐに気がついたはずです。

そう、その「慰め」の多くは、じつはビンボーではない人から、「〇ビ」や「負け組」のサラリーパーソンに与えられる、「たっぷりとした優越感」と、「ニセの安心感」に過ぎません。

この本を手にしているあなたのような、令和時代のミドルエイジのサラリーパーソンなら、そんな「負け組」「〇ビ」で定年を迎えずに、最後まで「勝ち組」で、かつできることなら「〇金」でサラリーパーソン・ライフを終えることができる「最後のチャンス」がまだ残っています。
そしてそんな「虚像の中流意識」を、今から40年も前にすでに辛辣に指摘してくれていた、渡辺和博さん（２００７年没）に、敬意と感謝の気持ちを表しながら、これからのお話を進めてまいります。

2　自分の「経済的立ち位置」を直視する

私には、次のようなＬＩＮＥメッセージを、わざわざ写真付きで毎日のように送ってくれる「親《おや》リッチな友人」がいます。

——今日のランチは「ビンボー」なので３５０円の焼き魚定食です！

——おっ、（そっちは）ランチに１５００円ですか……。「ビンボー」なおいらにはとても無理です。さすがセレブの方は違いますね！

ＬＩＮＥスタンプと共に、こうしたメッセージを毎日のように送ってくる、東京下町育ちの彼は、自身の就職では当然のように顔の広い親のコネを使い、当時の「一部上場企業へ、家業見習いとして入社」したかと思うと、すぐさま「サラリーパーソンは性に合わない」と言い残して退社するという人生を送ってきた人間です。

ほどなくして実家の家業を引き継いだ彼こそが、世間によくある「上流・金持ち・勝ち組」の典型といえます。これだけを見ると、人は「嫌味なやつ」と思うかもしれませんが、嫌味ながらも「どこか憎めない」ところがある、私の古くからの友人が、彼なのです。

ちなみに、そんな彼の「実家の家業」というのは、いわゆる「不動産管理業」で、都心の所有地に投資物件（アパートや立体駐車場など）を建てて、そこからの賃貸収入で生計を立てています。

自宅はもちろん持ち家ですから、いわば黙っていても「余裕のある老後」を送ることが可能な、恵まれた彼なのですが、そんな状況にもかかわらず、ほぼ毎日のように前述した内容のＬＩＮＥを送ってくるのは、いったいなんなのでしょうか？

私自身は、とっくに彼のＬＩＮＥメッセージに慣れっこになりましたが、ある時ふと「資産家なのだからそんな『貧乏人のフリ』（私はビンボーごっこと呼んでいます）をするのはやめたら」と、彼に忠告したことがありました。その時の、彼の私への返答が、「だって楽しいんだもん」の一言だったのを、今でもハッキリと覚えています。

ちなみに、私自身は決して彼のような資産家でも、お金持ちでもありませんから、普通に考えればその彼のセリフは、私には的外れなものといえます。

それでも「子どもの頃からお金に困った経験がない」そんな彼が、どうしてそんな「ビンボー人のフリ」をするのか、何より「いったい何が楽しいのか？」、今なお理解できずにいます。ひょっとしたら、まさにそれこそが金持ちの持つ（自分よりビンボーな人への）正直な気持ち、つまり「優越感」の表れなのでしょう。

そんなこともあって、普段からよくよく世間を見渡してみると、そんな「彼」に似たタイプの人を、時折見かけることがあります。それも、とりわけ「定年前後の身の振り方」について語る方々に、より多く見受けられます。

たとえば、「少ない年金でのやりくり生活」がテーマだとすると、「こうすればちゃんとやっていける」「楽しく暮らせる」「だから安心してね」といった類のアドバイスがその代表格です。

でもそんな「親切なこと」を語る彼らの大半は、実際には私の友人と同様に「決してビンボー人ではない」、それどころかむしろ「平均以上のお金持ちが多い」ことに気がつきます。

それは多分に「上から目線」で、「この情報にキミらは気がつかないようだから、特別に教えてあげるね」と言わんばかりの「アドバイス」だともいえます。

――大丈夫、そんな少ない年金でもやっていけるよ。そもそも、あなたはビンボー人なのだから、仕方がないよね。

ちなみに、「振り込め詐欺《さぎ》」のニュースを耳にしない日はありませんが、以前から不思議だったのは「そんな多額の現金を、なぜ高齢者は自宅に持っているのか?」というものです。

正直、その「タンス預金」や「自由になる銀行預金」の金額の大きさに、わが身と比較してビックリしている方も多いことでしょう。

時として、被害にあったお年寄りが振り込んでしまった金額が「合計２億５０００万円だった」りしますが、そうなると唖然《あぜん》としたりもします。

いうまでもなく、これらの金額は「ちょっと手元に置いてあった数万円」といった、私たちレベルの金額ではないわけで、さらに輪をかけて驚くことには、そんな彼らの多くが、ごく普通のどこにでもいそうな「おじいちゃん」や「おばあちゃん」であることです。

まあ、そんな彼らのような「ごく普通」(!?)のレベルの金融資産額にすら遠く及ばずに、20~30年後には「定年」を迎えるかもしれないあなたには、ここでお話しする「経済的立ち位置」の話は、決して他人事ではありません。

ですが、もしあなたが、私がそうであるように、「中流のお金持ち」にできるだけ近づこうと、たとえば「定年しない」で働き続けるのだとしたら、話は別です。

要するに、定年後の生活の要諦とは、「身の丈にあった生活ができるか否か」なのですから、問題はその「身の丈」を調節するだけのことです。その一つの調節方法が、「サラリーパーソンを長く続ける」だとしたら、やらない手はないでしょう。

でもそう言うと、「それができるのは能力と才能に恵まれた人だけの話ですよ」と思う人もいるかもしれません。もしそう思うのなら、もう一つの調節方法である「身の丈に合った暮らし」をする選択しかないでしょう。

たとえば私の親族には、その当時まだ40代後半だったと思いますが、決してデパートの駐車場には車を停めない者がいました。

ある日のこと、彼の家族と食事をするために、彼らを車に乗せ、私はただ「近いから便利」という理由で、目的地近くの、とあるデパートの地下駐車場に車を停めたところ、その彼からひどく文句を言われた記憶があります。その時の彼の私への「文句」というのが、次のようなものです。

「わが家では、デパートの駐車場には車を停めないんだ。停めたら最後、どうしてもデパートの店内に入ることになるだろう。そうしたら当然、子どもたちが『あれが欲しい、これも欲しい』となるに決まっている。そうならないためにも、ウチでは、最初からそこへは行かないように決めている（だから今後は気をつけてくれ）」

なるほど、そうだったのかもしれません。今にして思うと、この時の彼のように、私も普段から、お金を無駄遣いしそうなところ、つまり「自分の身の丈に合わないところ」へは近づかないように、注意深く暮らしておけばよかったのかもしれません。その結果として、少ない年金でも十分に生活できる「ビンボー耐性」を手にすることができたのかもしれません。

ちなみにその彼は、誰もが知る日本の有名大手企業のサラリーパーソンですから、おそらく世間一般より高い給料と、さらに十分な企業年金・退職金を手にすることは間違いありません。

このことから分かるのは、世の中には「定年後の年金生活に十分に備えることが可能なタイプ」と「もとから不可能なタイプ」がそもそも存在することです。

前者は、いわば蓄《たくわ》えバッチリの「アリさんタイプ」で、後者は冬（長い老後）を越せない「キリギリスさんタイプ」（つまり私のことです）に象徴されます。

もちろんこの「アリ型」でも「キリギリス型」でも、そのどちらか一方が「よい」「悪い」ということではありません。

とはいうものの、将来の「不安と不満が充満する年金生活」を考えると、またとりわけこれからの「ジョブ型」雇用制度時代を考え合わせれば、いずれのタイプであっても、あなたが「長く続く冬の季節」への備えを始めるタイミングが、文字通り「今しかない」ことがお分かりでしょう。


——さあ一刻も早く、「アリ型」人生へと軌道修正を進めましょう！

……もっとも、それができるなら、私もあなたも苦労しないわけで、本書は、私のような

「入ってきたものは、昔から全部使っちゃうタイプ」「後のことは後でなんとかなるでしょうと考える呑気なキリギリスタイプ」の方へ向けて、自戒の念も込めた本でもあります。

3　あなたを待つ「○」「組」「流」とは？

前述したように、みなさんのご両親の時代あたりから、「見栄っ張りの○ビ」が普通となり、「本当は○ビである」という自覚がなくなってしまいました。

ですから、その結果、いざ定年を迎える時になって、「こんなはずじゃなかった」と気づいたとしても、それは仕方のないことかもしれません。何よりそれは本書の「はじめに」の中でも触れましたが、私の感想そのものでもあります。

ちなみに「○金・○ビ」そして「勝ち組・負け組」に加えて、もう一つ私たちをクラス分けするものには、いわゆる「上流・下流」といったものがあります。

前述した私の友人は、その意味で「親リッチ」による「上流・金持ち（○金）・勝ち組」と分類することができそうです。

私自身は、友人である彼に対して、妬むといった感情はなく、ただ単純に「いいな～」とうらやむ気持ちです。そもそも自分の努力ではどうしようもないものを、とやかく妬んでも意味がないと思っています。

本当に必要なのは、あなたにしても私にしても、自分の努力と知恵で手にするものに集中することです。

その意味で、余計な「妬《ねた》み、嫉《そね》み、僻《ひが》み」といった感情を抜きにした、「素のサラリーパーソン」としての今のあなた自身は、いったい「○金・○ビ」「上流・中流・下流」「勝ち組・負け組」のいずれなのか、この機会に考えてみませんか?

なお、この分類に対する「明確な定義」というものは存在していませんから、「自分はこちらだ」と思った自己評価を、正直に下すことが何より大切です。

とはいうものの、「評価はいつも他人が下す」というサラリーパーソン・ライフの鉄則に従えば、いくら自分が「勝ち組」の「○金」だと思い込んでいたところで、他人の目から見たら「その程度でおこがましい」ということだって大いにあり得ます。そしてそれが時折、悩ましい結果を生むことがあります。

実際に定年を迎え、ネットでさまざまなケースを検索するうちに、おそらく検索サイトの「検索エンジン最適化」、つまりSEO(Search Engine Optimization)のせいでしょうか、次のような記事が、私のスマホ画面にかなり頻繁に表示されるようになりました。

「元月収80万円の大企業部長、老後も〝勝ち組〟だったはずが、引退から5年で老後破《は》綻《たん》？」

こういった場合、そもそもこの大企業の元部長さんは、どのような経済的立ち位置だったのでしょうか？

「大企業で、しかも年収が１０００万円の大台を超えていたのだから、もちろん上流で勝ち組だろう」と思われた方も、多いかもしれません。

ですが、令和2年度における給与所得者の中で、「確定申告納税をした人」、つまり２０００万円を超える年収があった人というのは、約２６０万人もいたのです。

もちろん、その中には、「住宅ローン控除」や「医療費控除」といった、年収２０００万円以下の人もいるでしょうから、そのすべてが「高給取り」とは限らないのも事実です。

この給与所得者における確定申告者数は、約５３００万人いるといわれている給与所得者数の約5%にあたりますから、経済的には「確定申告が必要な給与所得を得ている場合」に

は「○金」な会社員が多く含まれていると、ここでは仮にでも見なしてよいと考えます。すると、

――いやいや、もし本物の「上流・勝ち組」だとしたら、引退後たったの5年で「老後破綻」だなんてあり得ないよ。だからそもそも彼（彼女）は「中流の○ビで、かつ負け組」ということだよ……。

繰り返しになりますが、そこには明確な「当たり」や「ハズレ」、「勝ち・負け」といったものは存在いたしません。ですから、たとえ他人が「負け組」だと思おうと、「勝ち組（だった?）」と自分でそう思えるのなら、それはそれでいいわけです。

一方で私の友人のケースのように、自分では「おいらなんて、しょせん下流の負け組さ」と言い張ったところで、実際に経済的に困ることもない生活を、たとえば死ぬまで続けることができるようなら、世間的には少なくとも「中流以上の勝ち組」と判断されるでしょう。

そうなると、もし「何となく10年後、20年後の自分の定年が心配になってきた」というあなたがいたとしたら、この時点でやらなければならないのは、自分の本当の「経済的立ち位

置」を自覚することといえます。それなくして、この先のキャリアにおいて「先手を打つ」ことはできませんし、「ジョブ型」時代の「勝ち組」として、安心して自分の「定年」を迎えることはできないと私は考えます。

言い換えれば、確かに大企業に入社して、それなりの出世はしたけれど、「万全の上流・勝ち組ではない」とこの時点で自覚できたのだとしたら、できるだけ早く手を打つことです。それが、「○ビ」を回避し、かつ、「上流」でなくとも、せめて「中流の○金」にとどまり、それと同時に「自分のプライドを維持する」ことができる方法です。

前述した「老後破綻」に代表される、「そんなはずじゃなかったのに……」というケースを紹介する記事には、いわゆる「ファイナンシャル・プランナー」からのアドバイスとして、「早く身の丈に合った生活をするように」というものが散見されます。

それはすなわち、前述したように「ビンボーに慣れよ」ということに過ぎません。確かにそれは一つの方法ですが、決して私もあなたも、望んでいる最善の方法ではないことは確かです。

もし仮に、将来、年金収入だけで生活をするならば、今現在の生活レベルを毎月15万～20万円で暮らすようにすることで可能となります。そう、それ以上の収入は、そもそも「なかったものとして」、今のうちから投資するなり、貯蓄に回すなりの生活を始めればいいのです。

考えてみれば、それで今から老後の身の丈に合った生活を実体験でき、かつ、その「浮かせたお金」を投資や貯蓄に回せるのですから、一石二鳥といえますが、実際に今、必要な教育費や、家のローンといった現実を前にしたら、この提案は残念ながら「非現実的な話である」というのが本当のところではないでしょうか？

それに加えて、たとえば親の介護費用といった「その他の費用」が諸々かかる、いわゆる支出のピークを迎えるのが、すなわち「ミドルエイジ」ですから、多くの人にしてみれば（私自身がそうでしたが）「やれるものならやっている」というのが現実でしょう。

結果として私たちは、少なくとも「〇金」にはあたらず、さらに、とても上流でもなく、ひょっとしたら「中流ですらない」と思い始めるのが自然だと思います。

つまり、みなさんの親の代から、「一点豪華主義」といった、本当の身の丈に合わない贅沢を繰り返してきた、「そのツケが回ってくる」のが、今後あなたを待ち受けている「定年」後のリアルな姿なのです。

そしてその先に長い「老後」が続くのだとしたら、少なくとも精神的なショックに備えておく意味においても、今のうちに自分の本当の「経済的立ち位置」を、冷静に見つめておくことはとても大切だと思います。

4　年金制度への「思い違い」の数々

一人暮らし高齢者の半数以上が月収15万以下、でも「心配ない」

政府によると「65歳以上の一人暮らしの男女の４人に３人は経済的な暮らし向きに心配を感じていない」とのことですが、それに疑問を感じたのは私一人だけではないでしょう。

調査によれば、現在の経済的な暮らし向きについて、「家計にゆとりがあり、まったく心配なく暮らしている」人と「家計にゆとりはないが、それほど心配なく暮らしている」人を合計した「心配ない」と答えた人の割合（65歳以上の一人暮らしの男女）が、76・1％と、ほぼ８割が、「暮らし向きの心配は無用だ」と考えているのだそうです（資料５、次頁）。

しかも、月収が「5万～15万円」でも7割弱が「心配ない」だというのですから、なるほど自分の年金の支給額を指して、「約20万円／月だなんて、あり得ない、低すぎ！」などと言う輩《やから》（私のことです）は、残り３割の不満分子の代表ということなのでしょう。

一口に「年金」といっても、人によって受け取り方が違うでしょうが、ここからはサラリ

資料5　一人暮らし高齢者の経済的な暮らし向きの意識

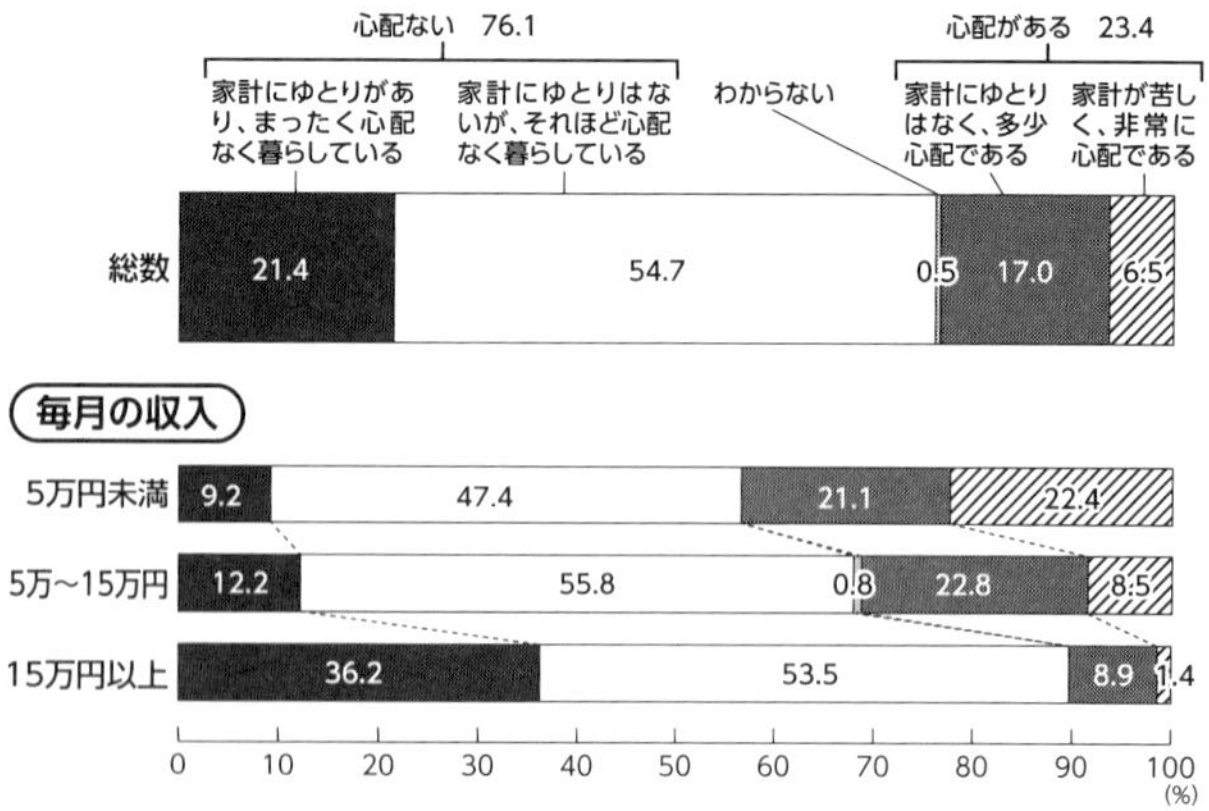

出所：内閣府「一人暮らし高齢者に関する意識調査」（平成26年度）
　注）対象は65歳以上の男女

ーパーソン、とりわけ年金制度の3階建て部分といわれる「企業年金」の受給を予定していない（一括で受け取る予定、もしくはそもそも制度がない）方を中心にお話しします。

　というのも、この3階建て部分の「企業年金」を受給できれば、おそらくこれからのサラリーパーソンは、実際に定年退職後に「悠々自適」とまではいかないにしても、そんなに切羽詰まった状態には陥らないのでは、と思われるからです（少なくとも「中流・〇金」以上であることは間違いありません）。

　これを言い換えれば、少なくとも3階建て部分相当にまで、今の2階建ての自宅（年金）を建て増しするには、いったいどうしたらいいのかが、これからのお話の中心になります。

ちなみに1階部分には「国民年金」さんが「お家賃6万円」で、2階部分には「厚生年金」さんが「お家賃14万円」で、各々お住まいになっていると仮想した賃貸物件のオーナー様が、「あなた」という建てつけです。ただしこれは、あくまでもたとえ話ですから、「私はタワマンがいいわ」といったワガママな要求は、この際ご勘弁ください。

実際のところ世の中は、「国民年金」部分に相当する平屋建てに、私たちのような元会社員の平均的な住まいである「厚生年金」部分を建て増しした2階建てか、それに加えて約半数の大企業の社員が対象となる「企業年金」を、退職時に一括で退職金を受け取らずに、年金として受給を選択した「3階建て物件」にお住まいの家庭とが、混在していることになります。

ちなみに余談になりますが、私は、近年のコロナ禍《か》がピークであった頃に、しばらく京都郊外の住宅地に「疎開」しておりました。その時期には、よく散歩をしながら周りに建つ立派なお宅を眺めていたものです。それらは建売住宅にはない、いわゆる地方都市の富裕層と思われる人たちの、それは立派な門構えの注文建築住宅でした。

家人によると、それらの住宅は、関西に本社を構える「誰もが知っている大企業」を引退された方々のお住まいが多いとのことで、文字通り「企業年金付きの3階建てのお宅だった」のでした。

このコロナ禍での私の「プチ疎開経験談」から、来たるべき「年金生活」ならびに「定年後の生活」を迎えるにあたって、やはり「地方」と「都市」、とりわけ東京を中心とした首都圏と、その他の地域とでは状況は違うということも感じたのでした。

思い違い①――あれだけ納めてきたのに……

さて、ここからは、私自身が実体験した「公的年金の受給にまつわる、数々の思い違い」について、あなたにこの段階で知っておいてもらいたいことに絞ってお話しします。

それは大きく次の3点に集約されます。

まず第一の「思い違い」です。前提としてお伝えしますが、私の仕事人生は、途中の短い自営コンサルタント時代を除いて、みなさんと同じように会社員人生がほとんどでしたから、国民年金にプラスして厚生年金が合体したものが支給されています。

そんな私は、そもそも「自分と会社が一緒になって納付してきた、過去の年金納付金額が、私に支払われる年金の原資となっている」と誤解をしていました。つまり「これまで積み立ててきたものが払い出される」と思っていたわけです。

ですから、「自分が納付してきた年金給付原資を一括で払い出してもらいたい」と希望した場合には、融通をきかせてもらえるのではないか、という考えが、そもそも成り立たないことが分かった時に、「心底ガッカリした」記憶があります。

「そんなの当たり前だろ、年金は世代間における国民相互扶助《ふじょ》の制度なのだから」

そう「あなた」から言われてしまえば、返す言葉もありませんが、正直、今の私の率直な気持ちとしては「できることなら返してほしい」というのが本音です。

詳しい計算方法は省きますが、私が受け取った年金通知書をもとに、これまで私とそれまでの雇用主（会社）が納付してきた金額は、トータルで約４３００万円にのぼります。

これを現時点での月額年金支給額（月額20万円ほど）で割ると、それは２１５カ月分に相当します。

ちなみに年換算すると、17・9年分となりますから、「支払った分の元を取る」ためには、82歳まで生きることが前提となります。それはまさしく現時点での私の平均余命を少し超えることを意味していますから、それ以上の長生きをして初めて「元が取れる」わけです。

ちなみに、これは前にも述べましたが、自分の寿命を「仮に」どこに置くかが、「定年」前後の暮らし方に大きく影響してきます。

さて、先に私は、「手前勝手な誤解（思い違い）をしていた」と言いましたが、そう思うのも無理からぬことがあります。

そもそも厚生年金保険料は、納付時の給料の額によって「納付する等級が決まる」以上、ごく自然に、自分の給料に紐付いた「将来の給付金に対する一時預け金」と勘違いしたとしても、仕方がない部分があります。

言い換えれば、「これしかもらえないのか……」という落胆は、「あれだけ納めてきたのに」という思いの裏返しでもあるのです。

すなわち第一の「思い違い」のポイントとは、国の年金制度における根本的な問題点です。その意味で、この機会に率直にかつハッキリと言わせてもらうならば、「信頼できない年金制度へ『預けておく』なら、『利息をつけて』これまで支払った分はキチンと取り戻したい」というのが正直なところです。

もちろんこの考え方は、単なる「幻想」に過ぎないことは十分分かっています。ただここで念押ししておきたいのは、あなたが給料から引かれて、それと同額を会社からマッチングされて国に納付している厚生年金保険料は、前述したように「もはや自分のものではない」という事実です。

しかも、いざ給付段階になると、「所得再配分」という名目で、「より所得の低い方へ、より多く給付が行なわれる」という事実を、この機会に覚えておいてほしいと思います。

もちろんそうだからといって、この私もあなたも、「それならばより多くの所得を手にする努力をするのはバカバカしい」と思うタイプではないことは十分承知の上ですが、この国の年金制度の現状を今の時点でより理解しておくことは大切です。

思い違い②——給付金額は下振れする可能性がある

さてここからは、私の第二の「思い違い」の登場です。

現在私は、月額約20万円の厚生年金受給の資格を有しておりますが、これは「将来にわたって給付金額が約束されたものではない」という事実に驚きます。

これも後述しますが、そもそも「絶対年金額」がお話にならないぐらい低いにもかかわらず、その現在支給額ですら下振れする、しかもかなりの可能性で、という事実にも驚きます。

もちろん「物価スライド制」ということですから、「上振れする」ことも、可能性としてあることはあります。

とはいうものの、世間で頻繁に語られる「月額○万円の年金でもなんとか暮らせる」の○万円の部分が、そもそも安定しておらず、しかも下振れする可能性があるというのでは、おそらく長年「下方硬直性のあるお給料生活」に慣れ親しんだサラリーパーソンにとって、これほど心配のタネはありません。

ですから「今の年金額でもこうすれば生活できる、なんとか……」における「年金額」も、その時々に見直していかねばならないというわけです。しかもその多くは「ネガティブな改定」なのですから、「幸せな老後」という謳い文句からは、ますます遠ざかるだけなのです。

思い違い③——年金から税金・社会保険料が引かれる

さらに「知らなかったこと」は続きます。第三の「思い違い」は、誤解というより、むしろ「薄々気づいていたけれど、実際そうなるのかと思うと、ひどいや……」といったものです。

それは、まず「所得代替率」（年金を受給し始める65歳時点の年金額〔額面〕が、その時点の男性現役世代の平均手取り収入〔賞与込み〕と比較して、どの程度の割合を示すのかを表す指標、後述）であり、前述した「所得の再分配」という考え方であり、最後に「少ない年金から税金・社会保険料が引かれる」という事実です。

最後の点からお話しすると、新聞やインターネット上で語られる年金額とは、「税込」での額面であって、実際には「税引き後の手取り金額」が何より大切なのにもかかわらず、やれ「年金支給開始年齢を繰り下げると、もっと受け取り金額が増えそう」というミスリードが行なわれている点です。これは「詐欺だ」とまでは言わないにしても、キチンと前提条件を取り揃えて紹介すべきだ、とここで指摘しておきます。

具体的には、たとえば「所得代替率」の計算における「年金受給」額は、額面（つまり税引き前）ベースにもかかわらず、その支給率を計算する際の現役年金納付者の収入は「手取り（つまり税引き後）」の数字で計算していますから、見かけ上での数字は当然大きくなるわけで、「あたかも、ものすごく増えるが如く紹介するのは失当だ」と過去に国会で追及した共産党の宮本徹議員の指摘は、少なくともこの件に関してはもっともだと思います。

そのあたりについて、『長生き地獄――資産尽き、狂ったマネープランへの処方箋』（角川新書）の著者である森永卓郎さんは、次のように紹介されています。

このやり方（＊著者注：受給時期を繰り下げることによる支給金額の額面を増やすやり方）**には、思わぬ落とし穴がある**ことが、年金制度改革関連法案の国会審議で明らかになった。日本共産党の宮本徹《みやもととおる》議員が、75歳受給を選んだ場合、手取りで考えると大きな損失が発生することを明らかにして、政府を追及したのだ。

政府の説明は、平均余命で亡くなれば、何歳から受給を開始しても損得はないというものだった。ところが、75歳受給開始を選ぶと、年金が84％増えるために、負担する税金や社会保険料が大きく増えてしまうのだ。

森永さんは同書の中で、その結果として生涯で受け取る年金の「額面（税引き前）」ではなく「手取り（税引き後）」収入が、総額で３７０万円も減ってしまうと試算しています。詳しくは同書をお読みいただくとして、ここで分かったのは、ウソではないけれど正確ではない数字をもって、あたかも「おトク」であるかのようにしたということです。それはとても残念なことですし、私の希望である「払ったものを返して」の思いに、正直、ますます拍車がかかったことだけは確かです。

また前述したように、会社員からその年収ベースに応じて徴収した年金保険料を、いざ支給する時になって、その時の徴収率で按分《あんぶん》するのではなく、より支払いが少ない納付者に対して多く支給するのは不公平だと思います。

仮に百歩譲って「どうしてもそうしたい」のであれば、より多く支払った国民にも「何らかのメリット」、すなわち年金からの納税・社会保険料の軽減をする、といったことがあっても然《しか》りだと思います。

公的年金制度は、基本的に「○ビに合わせた制度」であることが、これからもハッキリしてきましたが、不公平ならびに不正確な点は正すべきです。

ひとまず「私の勝手な思い違いからビックリした件」はここまでにして、さらにお話を進めることにしましょう。

５　「所得代替率」って知っていましたか？

そもそも公的年金支給額は、いったいどのあたりを「支給水準」として定めているのか、常日頃、疑問に思っていました。

それというのも、世間では今、年金の不足分として２０００万円は自助努力で用意しなくては、いやそれだけではギリギリで、ビンボー生活ならなんとか死ぬまで続けられそうだといった、「夢も希望もない話」で持ちきりなのです。

一方で、「定年」退職時における生活・所得水準、ならびに資産状態は十人十色であることを理由に、「ま、このあたりのデリケートな話は、あなた自身のご判断にお任せしますね」と、本当は「それが一番知りたい」ところが「ボカされている」発信が多いのも事実です。

確かに「十人十色」であるのは事実ですから、こういう場合にはこう、そういう場合にはこうといった「個別ケースを網羅したシミュレーション」は不可能です。

とはいうものの、ある程度の「将来に対する心構え」を得ておく必要が、とりわけ30代後半からのサラリーパーソン、つまりこれからバリバリ「ジョブ型」定年時代を迎えるみなさんには必要です。

今まさに自分の年金振り込み額を目の当たりにして「ええ〜っ！」と心の中で叫んでいる私から、いくつか知っておいてほしいと考えたアドバイスをしたいと思います。

「一緒に検証！公的年金（https://www.mhlw.go.jp/nenkinkenshou/manga/10.html）」というサイトを、まずご紹介します。厚生労働省のサイトの中で見ることができるのですが、これがなかなか秀逸なのです。分かりやすくマンガ形式を取りながら、やさしく年金制度を教えてくれるものなのですが、個人的には「ビックリ！」が満載でした。

そもそも、みなさんは「所得代替率」ってご存知でしたでしょうか？　前にも書きましたが、厚労省の説明によると、「年金を受給し始める65歳時点の年金額〔額面〕が、その時点の男性現役世代の平均手取り収入〔賞与込み〕と比較して、どの程度の割合を示すのかを表す指標」とのことです。

ちなみに、私の驚いた情報は次のようなものです。ネットで検索してもすぐに出てくるので、ひょっとしたら「私だけが知らなかった」のかもしれませんが、簡単に説明するとこういうことです。

現在の公的年金制度では、給付水準の下限を所得代替率50％と定めていますが、経済成長と労働参加がしっかり進む最良のケースで、２０４６年に51・９％、逆に進まないケースでは２０４０年半ばで50・０％を割り込む見通しです。

前述した厚労省のマンガの中では「今の60％ぐらいから50％ぐらいまで落ち込む」前提でシミュレーションされているとあります。つまり、現在の所得代替率は60％ぐらいなのが、このまま少子高齢化が進むと、所得代替率は50％程度まで下がると想定している、というのです。

この記述には、じつは「すでに定年しちゃった人」（私もその範疇《はんちゅう》に入ります）と、「これから定年する人」（みなさんのことです）両者にとって、とても大事な情報が含まれています。

たとえばみなさんの場合には、「どうして60％から50％へと、急に10ポイントも下がるのか?」という疑問が出てくるでしょうし、他方、すでに「定年」しちゃった人たちからも、「えっ、今の年金支給額って、現役世代の平均収入の6割もあったの?」という疑問が出てくるでしょう。

前述の厚労省のマンガでは、「今より3割も働いている人が減っちゃったら　保険料も減るし年金も3割減っちゃうんじゃないの?」と、これまた現実的な疑問も問いかけていますが、それに対しては「経済成長と労働参加が進む場合には　さらに積立金を活用すれば　将来の所得代替率の低下は2割ほどにとどまる見込みだニャン」という、かなり楽観的な予測に基づいて答えているのです。

ただし、この「見込みだニャン」と答える前提条件には、次のような「三つのタラレバ」

が実現することが必要なのです。

まず一つ目の「経済成長」ですが、これには二つ目の「労働参加」と併せて、「どれだけ外国人も入れた『新規労働力の確保』ができるのか」が関わってきます。ここに、日本の雇用制度が「ジョブ型」へと急速に移行せざるを得ない「切羽詰まった状況」が表れています。

ちなみにここでいう「労働参加」には、私のような「高齢者」と、「女性労働力のさらなる活用」を、「外国人労働者の増加」と併せて前提としています。

三つ目の「年金運用成績」ですが、こればかりは「運を天に任せるしかない」のが現状です。そもそも「運用」なのですから、過去の例を見ても、いい時もあれば悪い時もあるのが現実です。その意味で、「頼むから元金だけは減らさないでね」と願うばかりです。

もちろん運用者にしたって、そんなことは百も承知ですが、「ノーリスク・ノーゲイン」が運用の世界の大前提です。どこかで「博打《ばくち》（とはいいませんが、そんな感じが正直なところ）を打つ」必要が出てきます。

となると前者の二つのうち、最も確実に実行に移せるのは、「女性労働力のさらなる活用」と「高齢者雇用」（もちろん女性高齢者も含みます）となります。

平たくいえば、「すでに『定年』なんか設けている余裕などない」ということですから、この際、たとえば「もう厚生年金制度は廃止しましょうよ」「だってもう『定年も老後もない世の中になるしかない』んだから」と主張する人がいたとしても不思議ではありません。事実、この私はそう思っています。

ここで私の年金を例に考えてみたいと思います。

月額約20万円が、厚生年金の支給開始年度には支給されていました。なぜ「過去形」なのかというと、現在はここから月額２万１２００円の介護保険料が天引きされており、その結果「手取りは18万円」となっているからです。

そしてこれが、私の「退職時の手取りの６割にあたるのか？」と問われれば、もちろんそうではありません。

話をより具体的に進めてみましょう。仮に退職時に手取り（税引き後です）80万円程度だったとします。この手取りにするにはおそらく月額にして１１０万円前後が必要です。これは「税引き前の年収」でざっくり１２００万円ぐらいですから、おそらく大手企業の「役職定年直前の水準」かもしれません。

ここでのポイントは、もちろんその金額の多寡《たか》ではなく、退職時の手取りに対して、手取り（ネット、つまり正味で）の年金支給額がいったい何％にあたるのかを、あなた自身のケースに置き換えて考えてみることです。

すると、さっそく次のような疑問点が浮かび上がります。それは、「そもそも所得代替率（６割ないし５割）の目標って妥当なの？」というものです。

そして、このタイミングで前述した「２０００万円個人貯蓄問題」が再浮上してきます。すなわち、所得代替率６割を払っているわけだから、残りの４割（２０００万円相当）は自己責任で、ということです。

加えて「そもそも多くの場合には生活保護者への『ネット（正味の）支給金』より少ないこともあるので、もしそれだけで定年後を暮らそうと考えているなら、それなりの覚悟をしておいてね」という意味にもなります。

ここで「えっ、年金支給額って『生活保護』よりも低いの！」と、驚いたあなたは、次のように考えるかもしれません。

○生活保護と同水準っていうぐらいなら、イザとなったら生活保護を受ければいいわけだから、何も無理して２０００万円も蓄えなくたっていいじゃん（だから安心して使っちゃおう）。

○おいおいマジかよ。一生懸命勉強して大企業に入って、なんとか持ち家は確保できて、さらに２０００万円以上の退職金と貯金を確保したけど、それで「夫婦二人でのんびり世界一周船旅」なんてやっていたら、それこそ生活保護世帯へまっしぐらになるだなんて、夢も希望もないよ。

これらの事態に対処する方法は、次の三つの選択肢、すなわち「プライドを捨てることができるか」「そもそも年金支給額を増やせないか」、そして「もっと資産を確保することができるか」のどれかとなります。次にこの三点について詳しく述べてまいります。

6　あなたのそのプライド、捨てることができますか？

ちなみに左のイラストは、厚労省が作成し掲示しているものですが、面白いことに上のイラストと、下の説明（A．10）とでは、「数字が合わない」ことに気がつきます。

上のイラストでは、可愛らしい猫が、明るく「モデル年金の所得代替率は今の60％程度から50％程度になる」と下方修正を宣言し、それを聞いた女性がにこやかに「そうなんだ」と

資料6　厚生労働省による公的年金の解説

〈マンガで読む公的年金制度 第10話の一コマ〉

〈マンガで読む公的年金制度 第10話のA（答え）〉

A.10　「所得代替率」は、経済成長と労働参加が進む場合、2割程度の低下にとどまる見通し。「年金の実質価値」は、現役世代の実質賃金が上がれば、維持されたり上がったりすることもある。

出所：厚生労働省「一緒に検証！公的年金」より
https://www.mhlw.go.jp/nenkinkenshou/manga/10.html

呆《あき》れている（と思いたい……）。

その一方、下の説明では、経済成長と労働参加が今よりももっと進むと、（そのおかげでなんとか）２割程度の低下にとどまる見通しと、ネガティブな予想があたかもポジティブなものであるかのように表現されています。

ここからは、あなたや私が99％選択しないであろう、前述した「生活保護制度」について軽く触れます（何せ受けたこともなければ、受ける気も今のところないのですが、何がこの先、待ち受けているか分かりませんから、「転ばぬ先の杖《つえ》」としてカバーしておきます）。

たとえば、こんな事実があります。

○平成25（２０１３）年における65歳以上の生活保護受給者は88万人で、前年より増加傾向にある（資料７）。
○平成25（２０１３）年の65歳以上人口に占める生活保護受給者の割合は２・７６％であり、全人口に占める生活保護受給者の割合（１・６７％）より高くなっている。

さて、ここでは「生活保護制度は、生活に困窮する方に対し、その困窮の程度に応じて必

資料7　生活保護の被保護人員の推移

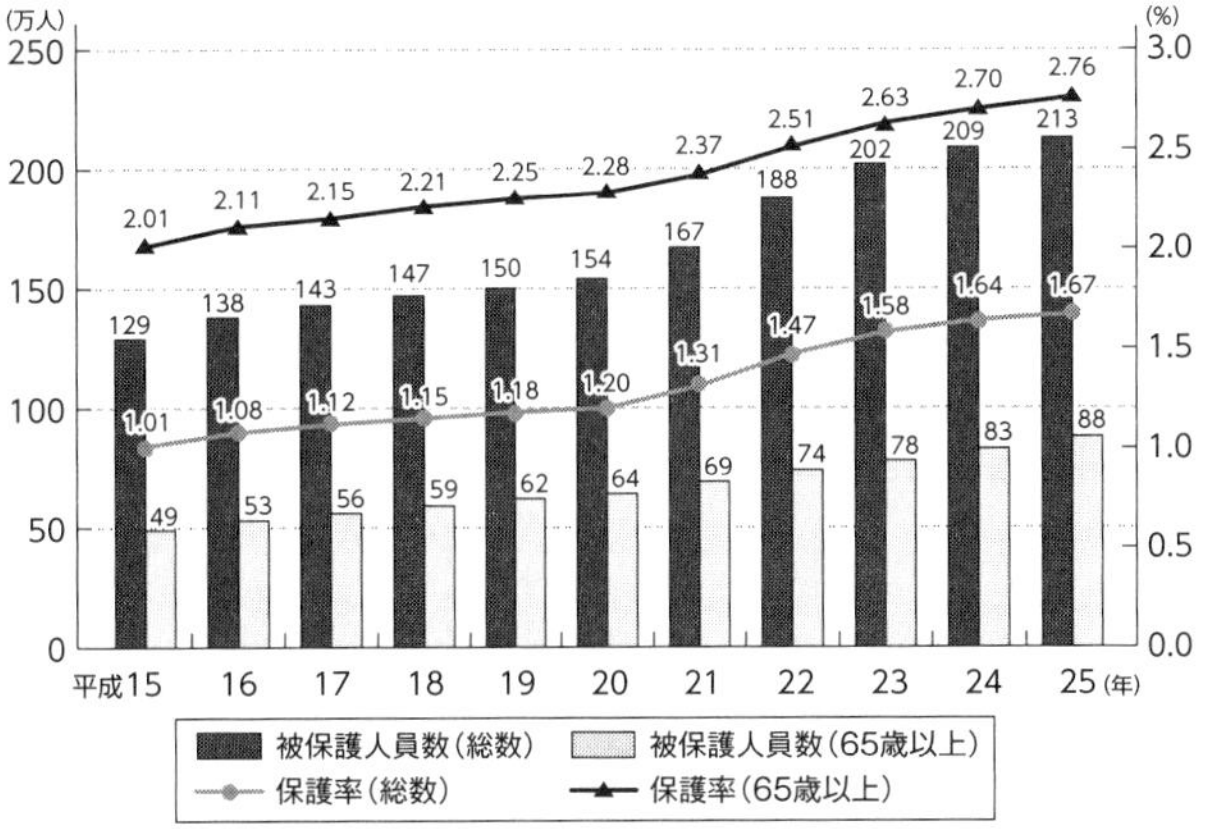

出所：総務省「人口推計」「国勢調査」、厚生労働省「被保護者調査年次調査」より内閣府作成

要な保護を行い、健康で文化的な最低限度の生活を保障するとともに、自立を助長することを目的としています」（厚生労働省）という「定義」に着目しましょう。

この「健康で文化的な最低限度の生活を保障する」とは、日本国憲法第25条「すべて国民は、健康で文化的な最低限度の生活を営む権利を有する」に基づいて設けられた制度だからでしょう。

ただ実際に私が年金を受給してから感じたのは、前述したように「あまりに低い支給額」であり、毎月の支給額が、「生活保護受給額とあまり変わらない」という驚きの事実です。

前述したように、「すべて国民は、健康で文化的な最低限度の生活を営む権利を有する」ために生活保護は支給されます。一方で、これまで長年にわたって、文字通り真面目に厚生年金保険料を納付してきた会社員が、ようやく受け取り始めた年金受給額の手取りが生活保護と「ほぼ同額」では、納得がいきません。

現行の厚生年金支給額は、まさしく「最低限度」のもの、もしくは「それ以下」です。だから、不足する2000万円以上の蓄えを、自己責任で賄《まかな》うことを強いられているのです。

さらに、実際に年金を受給し始めると分かるのですが、前述の通り「年金には所得税・住民税がかかる」、つまり手取り額はずっと低くなります。結果として「生活保護」における支給とそれを支えるさまざまな制度（健康保険料の免除といったことです）と比較すると、馬鹿らしいほど低額となることに愕然とします。

同じような「最低限の生活を営む」程度の年金に、所得税・住民税を課しておきながら、他方の生活保護では課税が免除されるのです。それが「ほぼ同額」の根拠となります。

ちなみにこれは千葉県の例ですが、「保護受給中の被保護世帯は、保護金品に対して税金がかかりません」し、「地方税も非課税あるいは減免措置が講じられ」るのです。

さらに「心身障害者扶養年金の掛金や、国民年金の保険料は免除されます」とあります（これは他の都道府県でも同様であると思われます）。

加えて、生活保護においては、当然一定の条件はあるにせよ、生活を営む上で必要となる、たとえばアパートなどの家賃や、医療・介護費用などさまざまな項目に扶助があります。

【生活保護受給者に対する扶助の例】

○日常生活に必要な費用（食費・被服費・光熱費等）等「生活扶助」
○アパート等の家賃といった「住宅扶助」
○義務教育を受けるために必要な学用品費といった「教育扶助」
○医療サービスの費用といった「医療扶助」
○介護サービスの費用といった「介護扶助」
○その他「出産扶助」「葬祭扶助」、就労に必要な技能の修得等にかかる費用の「生業扶助」

ご覧の通り、まさに扶助のオンパレードといえます。しかしこのことは、「当然といえば当然」ともいえます。これらは確かに国民が「最低限の生活」を送るには欠かせないものばかりだからです。

繰り返しますが、問題はこれらを扶助される生活保護者にあるのではなく、真面目に納付・納税してきたサラリーパーソンが受け取る「手取り年金支給額のあまりの低さ」にあります。

確かに生活保護は、社会のセーフティネットですし、近年のように男性なら、ほぼ3人に1人、女性でも4人に1人は生涯独身であるという事実からも、いずれはやってくる「働きたい気はあるけれど、もう体がいうことを聞かない」という事態や、「そもそも頼れる近親者がいない」という事態から、意図せず扶助のお世話になることもあるかもしれません。

その意味で、時に目にする「生活保護でパチンコに入り浸《びた》り」「不正受給して外車を乗り回していた」といった、ごく一部の不正受給者がもたらしたネガティブなイメージをもって、「何がなんでも生活保護だけは受ける人間にはならない」と、必要にもかかわらず無用なプライドで頑なに受給を拒むこともないと思います。

万が一、私もあなたもすべての資産をなくし、頼るべき親族もないような事態になったとしたら、その時はお互いにためらわずに「生活保護」を申請いたしましょう。

ただ個人的には「その日」が来ないことを祈っていますし、頑張って生きていくつもりでおりますが、そのためには「どこ」を、「どう」したらいいのかについて、さらに話を続けたいと思います。

7 「受給上限なし」の年金制度はなぜ実現しないのか?

前述したように、年金支給にあたって実際には、「『○金』が納付した厚生年金保険料を使って、『○ビ』に対する分配率を手厚くしている」という、「所得再分配」の事実を知って私は驚いたのでした。

これは、いわゆる「相互扶助」や「富の再分配」といった考え方から来るものでしょうが、前者における「相互扶助」の考えにはもちろん賛同いたしますが、他方の「富(所得)の再分配」の考え方はフェアではないと思います。

もちろん「みんな」が、今まで以上に幸せになることに異論はありませんが、○ビの会社員に対する配慮があるのに、同じように○金社員への何らかの配慮をしないのだとしたら、それは不公平だと思います。

具体的には、現行では厚生年金保険料の徴収率にはキャップ(上限)をつけていますが、これは撤廃をした上で「青天井での徴収を始める」こととし、かつ年金の「分配率」そのものも、現行の「他人の所得の5～6割」から「自分の退職時における所得の『少なくとも6～7割以上』」に見直す、という考えはどうでしょう。

そうすることで、〇金社員にとっても、定年後の収入の激減を心配をすることも少なくなりますし、何より財政的にも「より多くの納付が見込まれる」ことから、一石二鳥だと思うのですが……。ただし、そのためにはいくつか解決しなくてはならない課題があります。

一つには、それにより上昇する会社負担分に対する、経営者の理解が必要となります。

現行制度では、社会保険料は労使折半であるため、「所得の18・3％を上限とする」のルールがなくなると、一定率（もしくは累進率）で社会保険料を徴収することになります。「企業負担が青天井で増え続ける」ことは、コストアップとなり、おそらく抵抗を示されると思います。

また、それより何より問題なのが、「あなたが自分の国の社会制度を信頼しているのか」ということです。もし自分の給料から青天井での徴収・納付が進むとしたら、当然かなりの金額を徴収される「〇金社員」が生まれます。そこで問題となるのが、「きちんと自分たちに戻ってくるのか？」ということです。

もし「自分の国の社会制度を信頼していない」ならば、「いっそのこと年金制度自体を廃止」してしまい、これからは「すべて自己責任」とし、「自分で年金作りに励む」ことを選択する人が多出するでしょう。

実際に○金社員にしてみたら、「自分に戻ってくるわけでもないムダな年金に、これ以上お金を取られるのは勘弁してくれ」と思うことでしょう。そうなると、「取れるところから着実に取る」というチャンスを、国自らが失うことになりかねません。

ですから現行のシステムを、自ら崩すやり方を採用するとは思い難いのです。その疑問に答えてくれたのが、経済アナリストの森永卓郎さんの本にある、次のような一文でした。

> なぜ無制限に保険料を取らないのか、厚生労働省の官僚に聞いたことがある。
> 彼の答えは「もし、上限を外したら、とんでもない厚生年金を受け取る高齢者が生まれて、不平等の温床となる」という答えだった。
>
> （『ザイム真理教――それは信者8000万人の巨大カルト』三五館シンシャ）

あの森永さんが、私と同じ考え方だったことに驚いたのもさることながら、その厚労省の官僚の返答に「心底ビックリした」のも事実です。

さらに同書の中で森永さんは、いささか極端な例を用いて、そのインパクトの度合いを、次のように紹介されています。

月給が10億円のサラリーマンがいたとしよう。もし負担上限がなければ、彼が負担する月額保険料は、毎月1億8300万円だ（企業負担分を含む）。そのまま40年働いたとして、彼がもらう厚生年金は、年額26億3000万円になる。確かにものすごい年金だ……。

正直なところ、たとえ高給取りが多い外資系金融機関においてでさえ、月給が10億円というサラリーパーソンはいないと思います。ですが、その10分の1、つまり年収12億円ぐらいとなると、たくさんではないにせよ存在していますから、単純に引用した金額を十分の一にして当てはめてみると、こうなります（もっとも、こんな高給を「40年間もらい続ける」という前提にはかなり無理がありますが……）。

彼（彼女）が負担する月額保険料は、毎月1830万円、そのまま40年働いたとして、彼（彼女）がもらう厚生年金は、年額２億６３００万円（月額にして約２２００万円）になる。

繰り返しますが、これはかなり極端な例としても、果たして彼（彼女）がそれまで支払った保険料と比べた時、不平等な額といえるものでしょうか？

今、国が喉から手が出るほど望んでいるのは、「一人でも多く、長く働いて、より多く厚生年金保険料を納めてくれること」ではないでしょうか？　だとすれば、前述した「上限撤廃案」は決して国の方針にも反していませんし、まして受益者間の不平等でもなんでもないと思います。

むしろ「たくさん稼いで、たくさん納付して」くれれば、ちゃんと昔のような「悠々自適」な定年後が迎えられますよと謳って、サラリーパーソンを鼓舞すべきです。

とはいっても、おそらくこの考え方は森永さんと私だけなのかもしれません。その理由は新ＮＩＳＡに見られるように、国自体が、決して北欧諸国のような高福祉国家（もちろん高納税ですが）を目指すとはしていないからです。

そうなると、「どうやって、より（金融）資産を増やせばいいのか？」に関心が移ることでしょう。次にそのあたりについて述べたいと思います。

8　もっと「資産」を確保するために

サラリーパーソンが「金融資産」を増やす方法については、すでに語り尽くされた感があります。

たとえば「仮想通貨」（ビットコインが有名ですね）や「不動産投資」（ワンルームマンションやアパートへの投資など）、「株式投資」（目標は「億り人」でしょうか）にＦＸ（ミセス・ワタナベが有名でした）などなど、挙げ始めたらキリがありません。

比較的手堅いところでは、ｉＤｅＣｏ（イデコ）に社員持株会、国債に新ＮＩＳＡと、じつにさまざまな投資方法が世の中にはあります。

そんな「運用方法」について、私がまだ外資系金融機関で人事部長をしていた頃の話です。社内に名うての「金融派生商品（デリバティブ）」のトップセールス・レディーがいたのですが、その彼女に「何かいい運用方法ってありませんか？」と尋ねたことがあります。その彼女の答えが、じつは「郵便貯金が一番」だったのです。当時はその答えに驚いた記憶があります。

確かに今と違って、ソコソコの金利がつくよい時代でしたから、下手に投資をして損をするぐらいなら、むしろ「稼ぐに追いつく貧乏なし」です。当時の彼女のように、真面目に仕事をしてボーナスをもらい、郵便貯金で運用しながら「元手は絶対に減らさない」という考え方は、理屈に合っています。

それが証拠に、そうしていれば、その後にやってきた「バブル崩壊」や「リーマン・ショック」といった、不景気の荒波をまともに受けずに過ごせたものでした。

ただしこれについては、金融機関で勤めたことのない方に対して、若干補足しておかねばならない点もあるのです。それというのも、金融機関（とりわけ投資銀行部門）に勤務している社員は全員、個人として行なう投資行為には、ある制約が課せられているのです。

たとえば株を購入するにあたって、私たちは、事前に社内のコンプライアンス部門に対して、「どの銘柄の株を、いつまでに、どのぐらい、どこで購入する予定でいるのか」について、承認を得なくてはならないのです。しかもその承認を得たら、今度はできるだけ速やかに（24時間以内とかです）実行しなくてはならず、もし「望んでいる株価ではないので買わない・売らない」として、実行しない場合にも、再度承認を得なくてはならない。こんな面倒なコンプライアンス事情があるのです。

もちろんその狙いには、「不正防止」はもちろんのこと、「そんな面倒なことまでして投資する時間があるなら、もっと本業に専念してください」ということがあります。

確かにその当時は、まだそこそこの金利がついていましたから、下手な運用より「郵便貯金」の方が堅実な資産運用先となっていたことは事実です。ですが、彼女の「投資原則」は、今のあなたにも当てはまります。

事実、さまざまな金融商品を選択し運用するには、ある程度まとまった資金が必要です。さらに、もし今のあなたが「〇ビ」だとしたら、自分の虎の子の財産は、より大切にかつ慎重に運用したいと考えるはずです。その時の強い味方として考えられているのが、「時間」、つまり「ある程度の期間」なのです。

そういうことから、多くのアドバイス本では、「給与天引き」による「長期投資」を勧めているわけですが、それはつまり、「まとまったお金がないのなら、せめて時間を味方につけましょう」と言っているわけです。

そしてそれが、たとえ月数万円の「天引き」であったとしても、「時間」のおかげで「チリも積もれば山となる」ことから、「〇ビ」だって時として「〇金の億り人」にもなれるというわけです。

もちろんその間は、ひたすら「アリさん生活」をしなくてはいけませんから、私のように根っからの「キリギリス生活」を身上とする人間には、「辛い修行の日々」ですが、正直それ以外の現実的な方法を思いつきません。

いずれにしても10年、20年、30年にわたって「時間（期間）を味方につける」というのは賢い方法です。一方で、そもそもの「コップの中の水の量、そのものを増やす」ことを考えるのも大切です。それは「出世」かもしれませんし、今話題の、就業規則に触れない範囲での「副業」や「兼業」かもしれません。

一つの水源でなく、二つ目、三つ目の水源を見つける「収入源の確保」は、その先の定年後の収入確保の下準備も兼ねています。とりわけ国が「副業のススメ」を謳っている今なら、以前と違って堂々とやれるのがメリットです。

また将来のソース・インカム（収入源）の多角化を図れるなら、今多少の持ち出しがあったとしても、たとえば資格学校に通うなどもよいでしょう。「将来、元が取れる」と判断できるのなら、できるだけ早めにチャレンジするのがよいと思います。

ですが、ここで私がみなさんにお勧めしたいのは、これらのありきたりな「投資や運用」

「副業の勧め」だけではないのです。それはすでにチラリと触れていますが「時間」という資産の有効活用についてです。

確かに先ほどお話ししたように、「時間を味方につけることで収益・投資効果が増す」とは、これまでも言われてきましたし、本書を読まれるぐらいの方ならすでにご承知のはずです。

ここではそんなあなたに、時間による、もう一つの「資産を増やす方法」についてお伝えします。もっとも、この場合の「資産」とは、「金融資産」に結びつくものばかりでないことに着目ください。

それは、いわば人生における「経験」と「思い出」という名の資産についてなのですが、それこそが、本書の「はじめに」の中でご紹介した「これからは、できるだけ『悔いのない人生』を送りたい。でもどうしたら実現できるのだろうか？」に対する、私からの答えでもあります。

9 『失楽園』と『DIE WITH ZERO』に学ぶ

次にご紹介するのは、故・渡辺淳一氏の恋愛小説『失楽園』からの抜粋です。

ちなみに同作品は、１９９５年９月から翌年10月にかけて、『日本経済新聞』朝刊に掲載されたもので、それは私が数多くのリストラを行なっていた「サラリーパーソン人生で最も忙しい時期」とも重なっています。

今回引用するのは、その作品を１９９７年２月に、講談社が単行本として刊行したものを、後日、文庫化する際に、大幅に加筆・修正されたものの一部です。

それは、病の床に臥《ふ》している水口（主人公・久木の友人）が、見舞いに来た元同僚の久木を「しみじみとした眼差しで見上げる場面」から始まります。

水口「俺もお前のように遊んでおくんだった。思いきりやっておくんだった」

久木「これからだって、大丈夫だよ」

水口「もう、こんなになってからでは駄目だ。**人間、どうせ老いぼれて死ぬんだから、やりたいときに、やりたいことをやっておかねばいかん**」（＊人名と太字は著者）

新聞連載を読んでいた当時の私は、東京・赤坂にあったオフィスまで「自家用車で通勤」をしたり、時には満員スシ詰め状態の通勤電車を利用したりの毎日を送っていました。この小説は、そんな私にとって通勤時に許された「束《つか》の間の楽しみ」だったというわけです。

もっとも満員の通勤電車内では、「恋愛小説」というよりむしろ「官能小説」のようなこの連載を、じっくり読むことは難しかったのですが、ある日ふと、前述した水口のつぶやく部分に目が留まり、連載が終わってからも、長く私の記憶に残りました。

フィクションとはいえ、がんに罹患した元同僚が放った「心からの慟哭《どうこく》」は、おそらく私だけでなくその当時の多くの男性サラリーパーソンに、「今を生きる」「後悔しないように生きなくてはダメだ」というメッセージを伝えるのに、十分すぎるものでした。

もっとも、今読み返してみてもよく分かるのですが、この小説は完璧に男性目線で成り立っている、いわゆる「不適切な描写が多い、昭和丸出しの小説」ですが、時代がまだそれを許していたということは付け加えておきます。

後年「マインドフルネス」という言葉が流行《はや》りましたが、このマインドフルネスとは、まさしく「今、この瞬間を生きる」ことと同義です。

事実、この私自身がそうなのですが、つい「先へ、先へ」と前のめりになりがちで、絶えず目標や締め切りに追われることが多い（そしてそれを追い求める）人間にとって、「今のこの時を大切にする」という考え方は、正直、身につまされるものです。

さらにこの機会に、もう一つご紹介しておきたいフレーズがあります。それは近年評判となった、『DIE WITH ZERO――人生が豊かになりすぎる究極のルール』（ビル・パーキンス著・ダイヤモンド社）という本の中に見つけた、次のような一文です。

> 老後資金を必要以上に増やそうと働き続けると、何か（金）は得られても、それ以上に貴重なもの（時間と健康）を逃してしまうことになる。**金が増えたからといって、必ずしも人生を充実させる経験が増えるわけではないのだ。**（＊太字は著者）

前述したように、資産を増やすにはじつにさまざまな方法があり、また実際にどの方法を使うのかも、これまた「十人十色」です。ある特定のやり方が「そのまますべての人にフィットするわけではない」ことは、今さらいうまでもありません。

ただ引用した小説『失楽園』の登場人物である水口氏、ならびに『DIE WITH ZERO』の著者であるビルさんの、「必要以上に欲張ると、大事なものを失いかねない」という二つの発言は、参考になるのではと思い、ご紹介させていただきました。

また、「資産」については、よく「卵は一つのカゴに盛るな」というたとえ話を使って、

「分散投資」の重要性が語られてきましたが、「人生におけるリターン」を考えてみると、同様に、ただ闇雲《やみくも》に「投資だけ」をしていてはダメで、その間にも「よい思い出作り」や「将来につながる経験」に対して、時間とお金をそれぞれ適切に「投資」しなくてはならないとの思いが強くなります。

ちなみに、前述したビルさんの本を「英文の原書」で読んでみたら、本の副題として、こう記してありました。

「自分のお金と人生から、できる限りのことを得る」
(Getting All You Can from Your Money and Your Life)

自分の人生に対して、なんとも前向きなセリフだと思いませんか？

この、「できる限りのことを得る」といった前向きさを、これからの人生におけるモットーとするならば、これからは誰にも遠慮することなく「人生を謳歌《おうか》する人」になれると信じることができるように思います。

10　あなたの持つ特権とは——目指せ「4％倶楽部」

厚生労働省は65歳以上の介護保険料に関し、２０２４年度から所得上位層での引き上げを検討する。給与や配当、年金など年間の合計所得４１０万円以上を目安とする案があり、その場合は高齢者人口の４％にあたる１４０万人ほどが対象となる。

所得が多い高齢者（＊著者注：つまり前述した４％にあたる１４０万人）の負担増分を財源として世帯全員が住民税非課税の低所得者の保険料を引き下げる。対象は１３００万人で高齢者人口の35％を占める。

これは『日本経済新聞』朝刊（２０２３年11月４日）の報道で、「具体的な所得基準などは年末にかけて議論する」とのことでしたが、この段階ですでに次のことが分かります。

○「所得上位層の高齢者」（65歳以上）とは約１４０万人のことで、高齢者全体の４％を占める。

○「低所得者の高齢者」とは、世帯全員が住民税非課税である人を指し、その数は約１３００万人で、高齢者全体の35%にあたり、彼らの介護保険料は引き下げられる。

○「所得中位層の高齢者」は全体の61%の約２２００万人にあたり、彼らの介護保険料は変わらない。

つまり、約３６００万人の65歳以上の高齢者の間で、「より相互扶助促進を進める」とのことですから、あなたのような現役世代にとって、直接関係のない話であるのは事実です。とはいうものの、いずれは高齢者になるあなたにとって、このように高齢者が「高・中・低の三つのクラス」に分かれている現実を、この時点で認識しておくことは大切です。

つまり、あなたがこの先に目指すべきクラスが、ここにハッキリと示されているのです。そう、**あなたが目指すべきは、「上位４％」の「所得上位層」のシニアになること以外ありません**。

「そんなに欲張らずに真ん中の61%で十分」ですって？　いえいえ、そんなことは言わず、あくまでも目標は、このいわゆる上位の「４％倶楽部」への入会に置くことにしましょう。

もちろん、ここでこの例をご披露したのには、私なりの理由があります。それは、実際に

「定年」を迎えると、やたらと他の高齢者とアレコレ比べたくなるからです。

この点については、第1章で、「自分より幸せそうな定年退職者が、ただうらやましいだけではないのか?」ということに触れましたが、自分が「他人と比べてどうなのか」について知りたくなるのは、一人私だけではなく、とりわけ男性の「定年者」には多く見られることのようです。

それはたとえば、「自分の年金支給額は、全体のどのあたりだろう?」に始まり、「金融資産額」に「健康状態」、「まだ現役で働いている同年代の数」にいたるまで、とにかく他人が気になって仕方がなくなるものです。

もちろんそれは、何も「定年者」だけの話ではなく、思い返せばサラリーパーソン時代にはいつも「他人と比べてきた」経験があるわけですから、特に変わったことではありません。

もちろん頭の中では、「人は人、自分は自分」と、比較しても無意味なことぐらい十分に理解しているつもりでも、やはり「自分と同世代の人のことが気になる」のは、ごく自然なことだといえます。

だとしたら、無理に気にしないようにするのではなく、いっそのこと「気にならないようになればすむ」のでは、という発想から生まれたのが、「目指せ『4%倶楽部』」なのです。

ちなみに「4%倶楽部」に無事入会できたとしても、前述のように「相互扶助の精神」に基づいて、経済的な負担が増えるだけですから、ちっともいいことはないかもしれません。もちろんメンバーになれなかった人（この場合は負担が減った低所得者）から「ありがとうございます」と感謝されることは、まずないはずです。

そう思うと、「4%倶楽部」への入会は、単なる見栄や自己満足に過ぎないのかもしれません。それでもここで「その存在」を知ってしまった以上、これからのあなたは内心穏やかなままではいられないはずです。

「施《ほどこ》し」とまではいいませんが、所得上位層から中・低所得者への負担軽減の助けを「受ける立場」にいることは、個人的にプライドが許さないという方も、少なからずいることでしょう。

繰り返しになりますが、そんな「惨めな気持ちになる」くらいなら、今から「将来のメンバー入り」を目指して頑張ることにしましょう。そして、それができるのが、まだミドルエイジのあなたの持つ特権（時間とチャンスの両方においてです）といえます。

第6章　定年いたしません！

1　「残りの人生」の見積もり方

本書の冒頭で「75歳にはこの世の中にはいない」という私の「予定」について触れましたが、「予定日」をどう考えるのかは、繰り返しますが、誰もが避けては通れない命題だと思います。

ただ前述したように、誰もその「確定日」を事前に知ることができない以上、「ここでアレコレ考えても意味がない」、それならばいっそのこと「人生１００年として生きる！」と決めるのも、一つの方法だと思います。

そんな悩める私たちにとって問題となるのは、その「確定日」までにいったいいくら老後の資金を用意すればいいのか、ということ。その肝心なことに具体的に触れた本が、前述した『DIE WITH ZERO』です。

ちなみに、同書には「魔法の計算式」なるものが紹介されています。この機会に、そんな気になる「魔法」をおさらいしておきたいと思います。それは、次のような「三つのパラメーターの掛け算式」から成り立っています。

「死ぬまでに必要なお金」＝（1年間の生活費①）×（人生の残り年数②）×0・7③

お気づきの方もいるかもしれませんが、私が本書の「はじめに」で披露した計算式は、この「魔法の計算式」をもとに作ったものです（ですので「おさらい」とお伝えしました）。

そもそも「1年間の生活費」をどう見積もるのかは、個々人の人生観（生活観）を反映したコア・バリュー（「絶対」価値観）に関係してきます。

たとえば自分にとって、「最も楽に生活を送れるレベル」を知るために、サラリーパーソン・ライフの最後の年、つまり「定年」する日から遡《さかのぼ》ること1年間の生活費と比較・検討することから始めてみます。

その結果は、ある人にとって「それほどの金額は必要としていない」かもしれませんし、「それ以上の金額が必要」という人だっていることでしょう。

このように、「必要な金額」もまた各人各様ですから、この機会に自分のケースについて、真剣に考えておくことは大切です。

ちなみに、私にとって「望ましい1年間の生活費」とは、前述した「定年する日から遡ること1年間の生活費と同額」となります。

ただそれは、あくまでも「そうだといいな」という希望も込めた金額でもあり、必ずしも現実的ではないことも分かっています。

そういう理由から、私の場合は、前述した「死ぬまでに必要なお金」の式の③の部分に、少しだけ多めの〝0・8〟という数値を入れました。つまり、定年直前の生活水準より2割程度の「コストカット」を見込んだ、というわけです。

こういう具合に、自分の「価値観」や「生活観」をベースに、計算式に代入するパラメーターを設定することで、結果として「自分の意思を反映する」ことができるわけです。

ですが、前述したように「答えの出ない問題」の②の部分、つまり「自分の人生の残り年数」をどう想定するのかが、やはりここでも高い壁として残ります。それはまさに「神のみぞ知る」ことですから、他の二つの項目とは比較にならないぐらい難しい推測です。

それでも、それを何らかのやり方で決めない限り、先に進みませんから、今回は「一つの考え方」として私が実際に参考にしたものをご紹介したいと思います。

それは、前にもご紹介した森永卓郎さんの著書『長生き地獄』の中で出会った「生き残り確率」というものです。すでにちらっと、「はじめに」でお伝えしたやり方でもあります。

ちなみにその森永さんですが、同書の中で、「65歳まで生き残った『強い』人は、そこからさらに長生きするのだ」「それ（＊筆者注：平均寿命）よりも長生きする人が当然たくさんいるのだ」と励ましてくれています。

加えて、「平均余命までのつもりで老後資金を使い果たしてしまったら、その後の生活が立ちいかなくなってしまう」という点も、併せて指摘されていました。つまり「この先に生き残る確率がどれだけあるのか」を考えることが、より大切なのだと主張されています。

それは、たとえば65歳の人が、平均余命を全うし、その結果、85歳まで長生きする確率は53・2％、つまり「五分五分なのだ」と主張されていることからもうかがい知れます。

この指摘は、よくいわれる「人生１００年時代」というフレーズだけを見て、あたかも

「全員が１００歳まで生きられる」と、つい勘違いしてしまいがちな私たちへ、警鐘《けいしょう》を鳴らしているといえます。

つまり、私が65歳まで生き延びられたのは、同年代での長生き競争に「たまたま勝ち進むことができた」だけであって、この先もそんな「たまたま」が続くとは限らないのだ、と考え直すよい機会ともいえるのです。

2　隠居は「身分」か、怠け者か？

前述したように、私が「これは役に立つ」と思った数少ない「定年本」の一つに、高橋秀実さんの『定年入門』があります。

その本の中で、著者の高橋さんは、日本古来の「隠居」という言葉について、その由来を次のように披露してくれています。

——何やら「引退」に似ているが、調べてみると戦前の民法では「隠居」はれっきとした身分だった。

つまり、よく落語で耳にする「近所のご隠居さん」は、大日本帝国憲法下の民法では、きちんとした身分のあるお方だった、ということが分かります。さらに高橋さんは、こうも書いています。

――隠居は日本の伝統的な制度で、日本人は若いうちから隠居したがるのだという。それを認めてしまうと世の中に「安逸《あんいつ》の風」、つまり安んじて楽する風潮が広まってしまうので、「満六十年以上」という年齢制限を設けたのだ。

ここまで読んだ私は、ふとこう思ったものです。

――**そうか、私がいつも「安逸の風」に吹かれたがるのは、ひとえに日本人の伝統のせいであり、特段、私一人が「怠け者」というわけではないのだ……。**

すると高橋さんは、あたかも私の心の中を見透かしたかのように、こう続けています。

――もしかすると「定年」も同じかもしれない。60歳になったら「辞めなくてはいけない」ではなく、「もう辞めてもいい」という隠居の精神が生かされていたのではないだろうか。

いかがでしょうか、「隠居」というキーワードによって、不思議と「人生の選択肢が増えた」ような、そんな気がしませんか？

もちろんある方は、次のように反論されるかもしれません。

「いやそれは違う。あなたがいくら口で〝隠居〟と言い張っても、それは紛れもない〝クビはクビ！〟なのだから……」

でも、次のような場面を想像してみると、まんざらでもないような気がしてきます。

――お父さん、もうここまで長年頑張ってきたのだから、65歳までの雇用継続なんて選択しないで、この際スッパリと「隠居」してしまったら？
——お母さん、今まで女手一つでボクたちを育ててくれてどうもありがとう！　でも、もうそろそろ「隠居」しても大丈夫だよ。

ちなみに、みなさんの祖父母の時代は、「定年」が50歳から55歳ぐらいでしたし、「平均余命（寿命）」はそこから10年ないし15年だった時代でした。

一方、現在の平均寿命はどのくらいなのかというと、男性が約81歳で、女性は約87歳です。ということは、65歳を仮に「定年」だとすると、そこから16年ないし22年、寿命が延びてきている、つまり今の私たちは、「祖父母の世代より倍近く長生きすることになった時代」に生きていることになります。

このことからも、「定年が65歳」（70歳までは努力義務なので）のままでは、あまりに国民に楽をさせすぎている、つまり以前と同じように、「安逸の風」にあたりすぎているのでは、と国が考えたとしても、合点がいきます。

前述した大日本帝国憲法にあったという「隠居」の権利は、日本国憲法第27条の「勤労の義務」と同第12条の「不断の努力」の名のもと、跡形もなく消え去ってしまいました。

それならば、いっそのこと「定年制度は『安逸の風』のもとだから、さっさと撤廃せよ」と、国からお達しがあってもよいのではとすら思います。

もっとも個人的には、その反対に、隠居制度の復活に伴い、広く日本中に安逸の〝嵐〟が吹きまくる、そんな日が来ることも妄想してしまいますが……。

3　「ワーク」さえあれば居場所は見つかる⁉

「定年」がイコール「老後」の始まりなのだとすると、昨日まで曲がりなりにも「現役」であった私にしてみれば「とても納得できない」と、ついこの間までそう思っていました。

本書の冒頭でも述べましたが、いずれ「その日」（定年）が来ることは「十分理解していた」けれど、なるべくそれに「気づかないフリ」をしていた、その長年にわたるツケが今になって、さまざまな形で私に襲いかかってきています。そんな時にあなたたなら、どうやってその状況に対峙《たいじ》するでしょうか？

ちなみに私の場合は、前述したようにやたらと「定年」「老後」がタイトルについた本やら雑誌を買いまくり、読み耽《ふけ》りながら、必死に「その答えを見つけ出そう」としました。

そんな暗中模索の日々の中で、一つ面白い「場所」に出会うことができましたので、ご参考までにこの機会にご紹介しておきます。

それは、東京・田町にある「港区立男女平等参画センター」という公共施設で、別名「リーブラ」と呼ばれている場所です。

じつはこの施設には、スポーツジムやプールがあって、65歳以上の港区在住者の場合には「無料」になるという、いわゆる「老人特典」がついている施設なのです。

実際にそんな「高齢者」である65歳の私は、時々そのリーブラのプールを無料で利用したことがあり、その際に必ず立ち寄っていたのが、この施設に併設された図書室でした。

面白いことに、そこにはいわゆる「定年本」や、年金など老後に関する本、それも今や絶版になったような、私が生まれた頃に出版された本なんかも揃っています。そこがいかにも公共図書館らしくて、個人的には好きな場所の一つといえます。

もちろんそれらの古い本に載っているデータは、だいぶ昔のものですから、とてもそのまま使えはしませんが、それでも「時代の変遷《へんせん》」は十分に感じ取ることができます。

そしてまた、ここはそもそも「男女共同参画」を謳っている公共施設ですから、女性のための老後や定年関連の書籍が並んでいるのも、他と違う大きな特色の一つです。

そんな「昔の老後の本」をペラペラとめくっていて、ふと気がついたのが、「今も昔も定年時の悩みというものは、全く変わっていない」という事実です。とりわけ、男性にとっての普遍的な悩みの一つである、「自分の居場所」問題にいたっては、その変化のなさに、驚きを通り越して苦笑いまでしてしまいました。

居場所問題でいえば、コロナ禍の最中は、リモートワークをしていた男性は、ほとんどの時間、自宅にいたわけです。その後定年したとすれば、そのリモートワークの「仕事」の部分がなくなっただけなのですから、自宅にはそのまま「自分の居場所」が引き続き存在するはずです。それなのに、「自分には居場所がない」と感じるというのが、定年を迎えた男性に共通の悩みのようです。

それならば、そのなくなった部分、つまり「ワーク（仕事）」さえ再び始めれば、元のように自宅に「自分の居場所」を取り戻せるのでは、と考えるのは、あまりに単純すぎるのかもしれません。

コロナ禍以前の長い会社員人生では、毎朝の「痛勤電車」を、それこそ修行のように耐えてきたはずです。ようやく会社に着いたら着いたで、職場では上司とのやり取りなどに、時にストレスを感じて、「あ～嫌だ、今日こそ辞めてやる」と毎朝のように決心してみたものの、実際の行動に移すこともなく過ごしてきたのが、あなたではないでしょうか？

そんなあなたは、じつは「みんな」と一緒に、職場でワイガヤしながら仕事をするのが、なんだかんだいっても「性に合っていた」からこそ、ここまで勤めてくることができたのではないでしょうか？

「定年」退職をし、居場所を失ってみて、ようやくその「みんな」や「ルーチン（繰り返し）」のありがたみを再認識できた。でも今となっては、その代わりとなる「自分の居場所」を、自宅に見つけようとしても、そもそも「ワークがない」のですから、無理な相談です。

その結果、「なくなったものは、もう取り戻せない」という悲しい現実を受け入れるのか。

……それならば、いっそのこと「定年いたしません！」と宣言し、私のように現役続行を実行に移すか。その選択はあくまでもあなたの気持ち次第です。

前述したように、すべてのサラリーパーソンにとって「会社こそが自分の居場所」であったとするならば、今なお現役世代であるあなたは、今この時から、次のように考え方を改めておく必要があります。

それは、**「会社は自分のものではない」「会社にとって私は取り替えの利く一部品に過ぎない」**という、分かりきっているけれど「ついつい思い違いをしてしまう」事実を認めることです。今一度ここで再認識しておくことです。

その上で、「自分の本当の居場所」とは、いったいどこに置くべきか、今のうちから準備しておくことで、将来「その日」が来た時に、特段うろたえることなく、スムーズに「その日」（定年）を迎えることができるに違いありません。

4　「定年起業」は結果が出てから

——今できていない「自己実現」は、たとえ定年で退職したとしても、できるわけがない。

これは私の持論なのですが、それは多分に自分の「過去の失敗した経験」から来ています。

もちろん「宝くじ」と同じで、「買わなければ」、いや「起業しなければ」、その先の成功も何もありませんから、「まずやってみよう」と考えるのも一理あります。その際、よく耳にするのが、「やらずに後悔するぐらいなら、やってから後悔しよう」という言葉です。

私自身も、過去に一度「フリーランス」を経験してよく分かったのですが、「サラリーパーソン・ライフが性に合っているのなら、わざわざ起業するのは理に合わない」と思います。

前述したように、私は〝ブライトサイド・キャリア〟から〝ダークサイド・キャリア〟へと移行する時に、じつにさまざまな経験をしました。

たとえば、「社長」とは名ばかりで、人をその気にさせておいて、狙いは「銀行に個人保証を差し出させること」という、じつに怪しげなスタートアップ企業でのエグゼクティブ・ポジションの話もありました。

そうかと思うと、「著作を大量に購入してもいいが、その前に入信しろ」という話や、いわゆる「ネットワーク・ビジネス」への手の込んだ勧誘などもありました。

それまでに在籍していたようなきちんとした会社組織を離れて、いざ個人で活動を始めてみると、つくづくそれまでのサラリーパーソン・ライフでは「いかに組織に、そしてそこで働く優秀な仲間たちに恵まれていたか」を実感したものです。

「過ぎ去りし日」をいくら懐しんだところで、もはや意味を持ちませんから、それならばいっそのこと「定年起業」するのも一つの方法ですよ、と謳う人も多いようです。

とはいうものの、ここで一つ注意しておきたいのは、「起業はあくまでも結果を手にするための手段であって、決してそれ自体が目的ではない」ということです。

そこで守るべき鉄則とは、虎の子の「退職金」や「貯金」を、できるだけ減らさないようにすることです。

たとえその「定年起業」が、意図せず失敗に終わったとしても、なんとか年金プラスαの手持ちの金融資産で、その先の長い定年後の生活を維持できるよう、その「虎の子」は絶対確保しておくことが大切です。

言い換えれば、それが担保できないような「定年起業」には、絶対に手を出してはいけません。投資でもなんでも「一つのカゴにすべて盛る」ことだけは、絶対に避けなくてはなりません。

前述したように、私自身は「プレ定年」を経て、再度サラリーパーソンに戻った経験があります。そんな私の実体験からいえるのが、「お金（退職金や貯金）が底をつくのは思ったより早く」、その結果「身動きが取れなくなるのは、まさに真綿で首を絞められるようにキツイ」ということです。

繰り返しになりますが、あなたのその「虎の子」は、絶対に大切にしなくてはいけません。

そしてこのことは、決して私一人の体験でもなんでもありません。

「60歳を過ぎて起業するのはリスクが高すぎる」

これは、『定年後の壁――稼げる60代になる考え方』（ＰＨＰ新書）という本の中で、著者の江上剛さんが、たまたま私と同様の指摘をされていることから引用させていただいたものです。江上さんは、こうも述べています。

「ネットには、シニア起業を誘う記事が多くみられる。国の支援もあり、借金も容易だ、こんな人が成功している云々。こんな記事を見ていると、俺にもできるんじゃないかと思いがちだ。しかしほとんどが失敗するだろう」

冷静になって考えてみれば、まさにその通りなのです。

「その気になってやってみたらこんなに酷い目にあった」というタイトルより、むしろ「その気にさせる」タイトルの方が、雑誌や本には合っています。「投資したらこれだけ損をした」というタイトルよりも、「これだけ得をした、儲けた」といったタイトルの記事や本の方が、これまであなたの目を引いてきたことでしょう。

何より人は「自分だけは違う（から失敗しない）」と、根拠もなく思うものです（この私もそうでしたから、あまり大きなことは言えませんが……）。

そうはいっても、「シニア起業」をして上手くやっている人もいるのも、これもまた事実です。その場合の秘訣《ひけつ》として、前述した江上さんは次のように例示されています。

①欲望で起業したのではなく、やむに已《や》まれずに行動を起こしている。

②大成を望まず、小成でいいと思っている。だから結果的に小成である。

③自分の技術や趣味を生かしている。それに対する顧客の評価が高い。

④よほどのことがない限り借金はしない。

もしあなたが考えている「定年起業」が、たとえば「自分が蕎麦《そば》が好物なので始めた蕎麦屋」でなく、「あなたの打った蕎麦が食べたくて、食べたくて、お金を払うから打ってほしい」と「赤の他人から頼まれたから始めた蕎麦屋」だとしたら話は別です。そう、それは、「結果が出てから始めた定年起業」だからに他なりません。

また、蕎麦打ちの技術があって、長年にわたる趣味でもあり、「学ぶことは苦ではない、むしろ好きだ」としたら話は別です。その上で、先のように「赤の他人」（見込み顧客）からの要望が高く、したがって「今後の売り上げがソコソコ見込める」といった状況なら、「定年後の蕎麦屋」を始めてもいいのでは、ということです。

ここで、私が付け加えることがあるとしたら、「定年起業」に欠かせないのは、そんなあなたに寄り添い、〃虎の子〃をできるだけ大切に（減らさないように）するようアドバイスしてくれる、「本当の友」もしくは「伴侶《はんりょ》」を大切にしよう、です。そんな「大切な人」がいるならば、あとは、あきらめず（**諦念**せず）に、成功するまでコツコツと続ける覚悟さえあれば、自ずと成功への道は拓《ひら》ける。そう教える成功者が多いことは確かです。

５　定年いたしません！

２０２３（令和５）年に厚労省は、14回目の「国民生活基礎調査」を大規模に実施しました。その結果、生活意識が「苦しい」と回答した65歳以上の高齢者世帯は59・０％に上り、前年から10・７ポイントも増えたのです。

これを報じた２０２４年７月６日の『日本経済新聞』朝刊によると、調査を開始した１９８６年以来最も高い数字となっており、「物価高に加えて、年金額の伸びが物価上昇率に比べて抑制されていることなどが影響したとみられる」ということです。全世帯での調査結果も「苦しい」は59・６％で、８年ぶりの高水準としています。

また、同記事では「年金を受け取っている高齢者世帯のなかで収入のすべてが年金という

資料8　各種世帯の生活意識〈2023（令和5）年〉

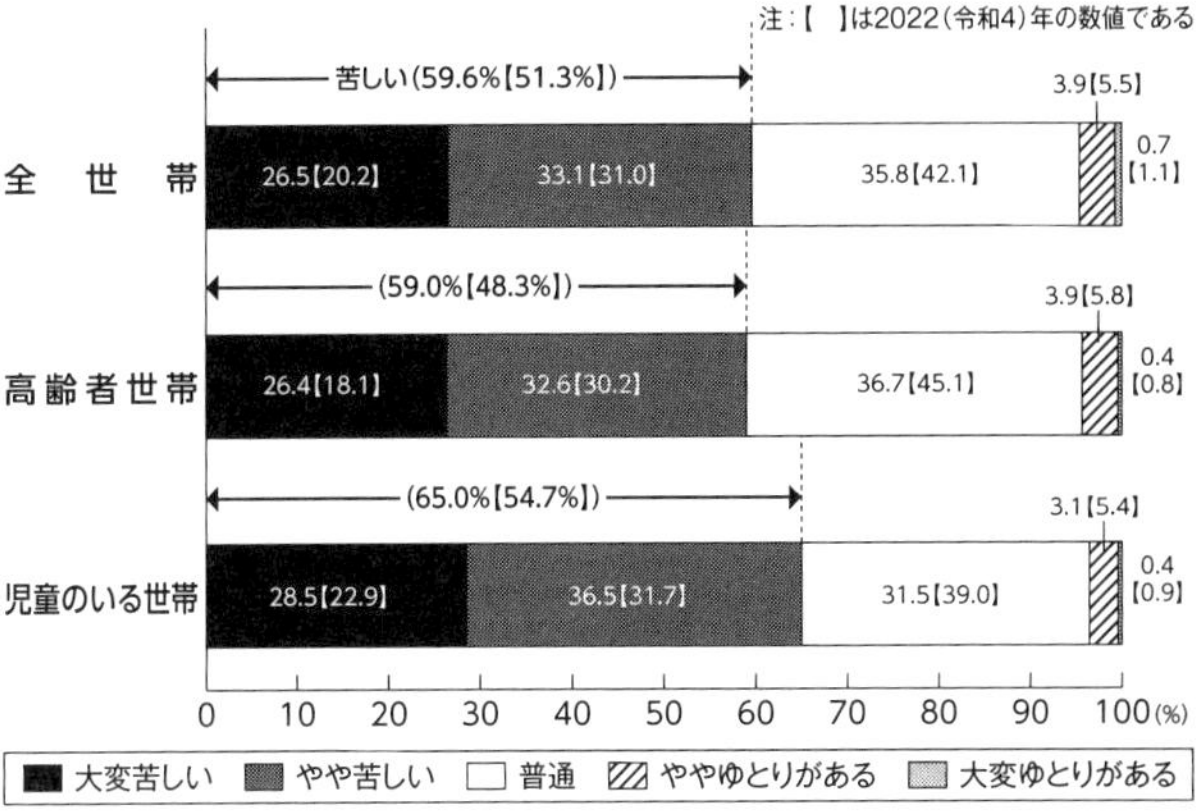

出所：厚生労働省「2023（令和５）年　国民生活基礎調査の概況」より
https://www.mhlw.go.jp/toukei/saikin/hw/k-tyosa/k-tyosa23/

世帯は41・7％」とも報じています。

もちろん、この調査結果をどう見るかは、あなた次第です。「まだ4割の高齢者は普通もしくはややゆとりある生活を送れているのだ」「6割近い高齢者が、年金以外の収入を得ているのだ」と解釈する方もいるでしょう。

さて「定年いたしません！」と心に決めた私の場合はどうなのかというと、このまま給与収入が全くなくなると「生活がやや苦しい」。なぜなら、必ず不足する分を蓄えから取り崩すことになるからです。

――それって、いわゆる「定年できません！」であって、「いたしません！」とは違うのでは？

「年金だけでは生活できない」のが事実である以上、その指摘に対しては「その通りだ」と認めざるを得ません。

ただ、あえて「できない」と「しない」の違いに触れるとしたら、私は、毎日苦しいと感じている年金生活に対して、時に不平・不満を口にしながら「ただ傍観している」ことができない性格ですし、またする気もないからです。だから私の場合は「定年できません」ではなく、むしろ「定年いたしません！」なのです。

そう決めたものの、「サラリーパーソン」は人に雇われて成立する職業ですから、それがままならない現実において、いったいどうしたらいいものか……。これまでもしてきたように、次のようなケースを想定してみました。

一つ目は「定年」退職時の生活費に比べて「より低い生活費でやっていこう」と決めたケースであり、二つ目は「定年退職時の生活費と同等もしくはそれ以上の生活をしたい」と考えたケースです。

確かに「ない袖（年金）は振れない」とするならば、あとはこれからの手取りの年金支給額の範囲内、もしくは足りない分を退職金その他で補填する範囲内での生活を送るしかありません。

もしも手取りの年金支給額だけで生活しようとすると、例えば１日あたり数千円ですべてを賄うことが求められます。

そこでの問題は、そのような生活を「あなたにはできるのか（可能なのか）？」ではなく、むしろ「そうしたいのか？」ということに尽きます。

さてここで、私からあなたへ質問があります。それは、次のようなものです。

①もしもあなたが、今「定年」したばかりだと仮定したら、何が一番問題ですか？

②その問題が、もし「お金が足りない」だとしたら、いったいいくら足りないのですか？

③もし「お金が足りている」と仮定したら、あなたの問題はすべて解決しますか？

さああなたは、これらの三つの質問に対して、なんと答えるでしょうか？

もし「お金が足りない」のが問題だとすれば、それが充足されるなら幸せに違いありませんが、実際に「定年」を迎えて直面する問題は一つだけとは限りません。「お金」を筆頭に、

「健康」「やりがい」「つながり」といった、現役サラリーパーソン時代にはさほど意識してこなかった他のアイテムが、「自分の幸福度」に思いのほか密接に関係していたことに、すぐに気がつくことでしょう。

先ほどの質問は、じつは実際に私自身が、家人から過去に問いかけられた経験がベースになっています。

それはある日、「このままの出費が続くと破産だ〜〜」と、ふとひとりごとをつぶやいた私に向かって、家人が真剣な眼差しでこう言ったのです。

――あなたの問題は「お金」だけなのね？　もしその不足している分が、何らかの方法で充足したら「解決」するわけよね？

その時はまだ「定年」したばかりでした。そんな私は、この想定外の質問に、思いもかけずに動揺してしまった記憶があります。

――いや、確かにお金の問題も大きいけど、お金の問題だけが解決しても、それだけでは幸せではないかも……。

今にしてみても、なんとも歯切れの悪い答えしか返せなかった記憶があります。

結局のところ人は、「お金だけでは幸せになれない」、でも「お金がないと少なくとも幸せではない」という、なんともわがままで、矛盾だらけの生き物なのだと思います。

そう、人は「本当の幸せとはなんなのか？」を知らずして、単純にこう考えてしまいがちです。

――お隣の3階建てのお宅は、どうやら企業年金が厚生年金の倍らしいから、きっと奥様の年金と合わせて月々50万円ぐらいもらっているわね、うらやましいわ〜。

だからわが家は「50－20＝30万円が不足している」ので、その足りない分をなんとかしなくちゃねと、つい他人と比べて不足している「お金の部分だけ」を考えがちです。

たとえばあなたが、前述した私の問いかけに対して、「すべての問題はお金が解決します」と答えていたとしたら、不足しているその30万円をひたすら稼ぐよう行動を起こせばいいことになります。そしてその方法の一つとして、「定年いたしません！」があります。

その一方で、「確かにお金も大事だけど、その他のこともかなり大切だよ」と答えた人にしてみれば、「その他の大切なもの」も併せて充足するように行動しないと、どこまで行っても「少しも幸せにはなれない」ことでしょう。

その意味で、前述した『DIE WITH ZERO』の著者であるビルさんが、次のように述べていたのが印象的です。

> 明確な目標設定は、収入が少ない、散財しがちなどの理由でリタイア生活への資産が十分にない人にとっては有益だろう。明確な目標を意識しなければ、老後資金が足りないうえに、高齢のために働くこともできないという最悪のシナリオに陥る可能性がある。だが、それ以外の人は「金額」を目標にピーク（＊筆者注：つまり達成目標です）を決めるべきではない。その理由の１つは、この手の目標額を設定した場合、それを十分だと感じるのは心理的に簡単ではないからだ。
> たとえば、ファイナンシャルアドバイザーに相談し、リタイア資金の目標額が２００万ドルになったとする。もしこの目標を達成しても、今度は「２５０万ドル貯めればも

っと良い生活ができるはずだ」と考えるのは目に見えている。さらにその目標を達成したら、さらに３００万ドルあれば……と考えるようになる。

これが、「金額」を目標にしてピークを決めることの問題だ。**目標はどんどんと先に移動していく。それを無自覚に追いかけていくうちに、人生を充実させる経験をする貴重な機会を逃してしまうことになる。**（＊太字は著者）

私自身も、ビルさんが主張する「お金と時間（機会）のバランス」について、これまでずっと考えてきました。「なぜお金が足らないのか？」に関して、その根本的な理由が分からずに、ただ「定年いたしません！」と単に稼ぐ手立てを見つけたところで、結局、それは「逃げ水」、つまり稼げども、稼げども、どこまで行っても満足することのない「幻の幸福」を目指すことになることにも、気づくことができました。

今ならあなたは、この段階からじっくりと、自分たちのこの先の人生を考えることができます。

この先の自分の人生を、どうやって少しでも後悔のないよう過ごすか。あなたにはそれを考える時間的な余裕がまだあります。それと同時に、これまでご紹介した方法を参考にすれ

ば、より賢く「定年」に備えることができると確信しています。

そしてやがてやってくる「その日」においても、「ああ、しっかり準備ができたのでよかった、参考になった」と思っていただけたとしたら、私にとって何よりの幸せといえます。

最終章　65歳からの「ジョブ型」就活術

1 「その後」の私について

「定年いたしません！」と威勢よく宣言されたのはいいけれど、その後どうなったのだろう？

「それがとても気になる」という感想をお持ちになった方も、少なからずいることでしょう。

ちなみにその後の「私」は、幸いにしてその宣言通りに65歳の定年直後から今日にいたるまで、なんとか再就職を繰り返しながら働いています。

しかも何度かの再就職のうちの一つは、「定年の定めのない、無期限での雇用契約」でしたから、その意味でも「有言実行」だったと胸を張れます。

「えっ、それってすごいじゃないですか！　さすがですね」と思われそうですが、しかしやはり、「世の中は、そう甘くはありません」というオチが続きます。

その再就職した会社、じつは本文の中にも登場した「ブラック企業」の一つだったのですが、そのことに気がついたのは入社後のことでしたから、いわゆる「後の祭り」です。

いったいどこがどうブラックだったのかといえば、一例を挙げれば、すでに退社した複数の元社員から「残業代の不払い」で訴えられていましたし、私自身への「約束された手当」の支払いも、なんだかんだと理由をつけてわざと滞るようにすることで、「最後にはあきらめさせる」よう意図的に仕向けるなどなど……こうしたことを平気で行なうような会社だったのでした。

いくら自分が入社する前の出来事だったとはいえ、人事の責任者として、数々の不法行為の尻拭《しりぬぐ》いにあたるのは納得できませんし、前述したように条件的にはとてもよい就職でしたが、最終的には短い期間での退職もやむなしと決意したのでした。

仕方なしに「定年」を経験してきた私にとって、同社のように「定年がない」というのは、願ってもない好条件でしたが、やはり仕方ありませんでした。ですが、その後もあきらめずに求職活動をしていると、その半年後に今度は「期間を定めた雇用の話」がやってきました。

「やっぱり定年しなくてよかった」と思ったのも束の間、これが前にもましてのブラック企業だったのは、さすがの私も「もう引退するしか道はないのか……」と弱気になったりしました。そんなわけで、65歳からの私の再就職活動は、自分の意気込みとは反対に「かなり苦戦を強いられている」のは事実です。

ですが、それにも懲《こ》りずに求職活動を継続していた時のことです。まさに「道は拓ける」ということでしょうか、違う会社から「有期契約社員」の話が舞い込んできました。おそらく本書が発売になる頃には、同社で元気に働いていると思います。

これまでを振り返ってみると、私の場合には、平均して2週間に1、2回の頻度で、海外のヘッドハンターもしくは人事採用担当者から直接コンタクトが舞い込んできていました。

と言うと、私に対して次のような声が飛ぶかもしれません。

「それでなくても、これまでの転職回数の多さには本当にびっくりしましたが、何より驚いたのはそんな短い期間での再就職についてです。本当にすごいですよね！」

確かに、65歳で定年退職してからも「正社員で採用もされた」し、「給料だって下がりはしなかった」という事実は、たとえ短期間で離職した事実はあるにせよ、「ちょっぴり自慢したい」ところですが、やはり「残り物に福はない」ということでしょうか、厳しい現実に直面しているのが、今の私の姿です。

2　求人がやってくる秘訣？

「いったいどうやったら、65歳の定年を過ぎてなお、そんなに求人が来るのか。そこになんらかの『秘訣』があるなら教えてくれませんか？」

そんな期待に応えたいのは山々ですが、特段の「秘訣」や「秘密」があるわけでもなんでもないのが事実です。

ただ一つ、この機会にご紹介しておきたいのは、私は自分のこれまでの略歴を、英語で、海外のリクルーターが必ず使う求職専門のＳＮＳである「LinkedIn（リンクドイン）」に掲載している、それだけなのです。

ちなみにこのリンクドインですが、おそらくこのサイトを使わないヘッドハンターやエージェントはいないほど、欧米では必須のサービスですし、ここ日本でも、盛んに利用されています。

ただ、これまでの日本語主体のサイトやエージェントに加えて、こうしたさらに幅を広げた求職活動をお勧めすると、途端に次のような質問が来そうです。

「やはり『英語』ができないと無理みたいだ。結局、『英語が苦手』な自分には、そもそも縁のない話ですよね……？」

もし「あなた」が本気でそう思ったのなら、再度本書を読み返してみてください。

あえて繰り返しますが、世界中のヘッドハンターが、私に対して、「定年」を過ぎてもなおアプローチしてくるのは、ただ「英語ができる」とか、「名の通った多国籍企業に在籍したことがある」「長く『ジョブ型』の仕事をしてきた」といった理由からだけではありません。

失礼ながらあなたのその言い訳は、ただ単に「50歳を過ぎたら年齢制限に引っかかって、初めから無理なのだ」とか、65歳の「定年」を迎えてしまえば、「さすがにもうこれ以上は無理だろう」と、自ら率先して「**諦念**」（あきらめる）してきた証明に過ぎません。

　そうではなく、先ほどの私のケースをあなたにも適用してみれば、すぐに可能性が広がることに気づかれることでしょう。それは具体的にはこういうことです。

①日本語の履歴書だけでなく、英語のＣＶ（履歴書）を必ず用意しましょう。テンプレートはネットですぐに手に入ります。まずあなたの手持ちの日本語の履歴書をグーグル翻訳でひとまず英語にします。その後にChatGPTに“Check my English CV”と入力、するとすぐにＡＩが診断して、より見栄えのする英文にしてくれます。あとはそれをコピーしてＰＤＦにすればいいだけのことです。

②海外でもある程度展開しているグローバル企業で勤務してきたあなたなら、関心を持った企業やリクルーターから「直接・間接を問わずコンタクトがある」ことでしょう。実際彼らの業務上のＫＰＩ（数値目標）には、〝ＳＮＳ（LinkedIn）を通じたダイレクト・ソーシング〟が必ず含まれています。つまり可能な限り「直接アプローチをする」のが大前提なのです。

③そうすることで、これまで日本人および日本語だけのジョブボードだった世界が、一気に世界中に広がる可能性が着実に増えます。もちろん日本語が達者な外国人リクルーターも、あなたに直接コンタクトしてくるでしょう。

④その準備が、前述したようにあなたの履歴書を、たとえそれが完全なものでないにしても、ＡＩや自動翻訳を駆使して「バイリンガル」な履歴書（ＣＶ）にしておくことなのです。

たったこれだけのことをプラスしただけで、あなたの再就職活動には、かなりの違いが生まれると思います。

ちなみに、その数を正確に勘定したわけではありませんが、これまで求職中にはリンクドインの求人への応募を、平均して1日に一度はしていたと思います。ですから少なくともこれまでに数十社、しかも主に海外の会社に応募してきたことになります。

もちろん何社からかは「面接したい」という嬉しい連絡が来たことはありますが、面白い（?）ことにその中で「採用まで進んだ会社は一つもない」のも事実です。

「えっ、それならムダじゃないですか、そんなに応募しても……」

しかし、すぐにそう考えるのは早計といえます。

確かに、応募して「採用まで行き着くことはありませんでした」となったとしても、その間に行なわれたウェブ面接で採用担当者とやり取りをした経験は、次にやってくる「本番」に向けて必ず役に立ちます。

また、私が65歳の定年を過ぎてから再就職した会社のすべてが、「採用担当者から直接コンタクトしてきたものだけ」だったことも、ここで触れておきたいと思います。

「待てば海路の日和《ひより》あり」とはこのことでしたが、ただ漫然と相手からコンタクトしてくるのを待つだけでは「その先に行けない」とも思います。

「一生懸命に準備をしているあなたを、きっと誰かが見つけてくれるはず」と無責任に言うつもりはないですが、事実としてそんな私にコンタクトしてきた会社は一社や二社ではありませんから、普段の準備は「いざ話が向こうから来た時」に、必ずや実を結ぶものだといえます。

さらにここでもう一つ、私と同じように高齢であるという理由で辛酸を舐めてきたあなただけに、私からとっておきのアドバイスをしておきたいと思います。それは、とても気になる「年齢」について面接で聞かれた際のアドバイスです。

3　敵は「日本人」

「当社では職場における多様性、公平性、包括性を大事にしています。したがって、人種、肌の色、性別、出身国、宗教、年齢、性的指向、性自認、性表現、遺伝情報、障害者、妊娠、婚姻状況、地位にかかわらず応募資格のあるすべての候補者からの応募を歓迎します……」

これは、外資系の求人広告に多く見られる、募集にあたっての注意事項の典型的なフレーズです。

さらに米系企業の場合には、これらに加えて「保護された退役軍人」とか、「適用法によって保護される、その他の地位にある候補者」からの応募も歓迎するといった、米国独自の採用条項も付け加えられるのが典型例です。

ここ日本でも近年「雇用対策法」が改正され、平成19年10月からは「事業主は労働者の募集及び採用について、年齢に関わりなく均等な機会を与えなければならない」として、年齢制限の禁止が義務化されたのはご存知の通りです。

それにもかかわらず、実際の企業の募集広告をよくよく注意して見てみると、日本企業のみならず外資系企業においても、時として「年齢」だけ省いて募集しているケースを散見します。

よもや採用担当者の単なる「見落とし」のせいだとも思えず、そのような「年齢差別の意図」を少しでも感じた場合には、私は最初から応募を控えてきました。

なぜなら企業担当者と話ができる段になると、私は決まって、次にご紹介するような「念押し」をしてきたので、それができない会社への応募は時間のムダだからです。その「念押し」とは、具体的に次のようなものです。


「御社が今回の募集を通じて候補者に伝えている『わが社が大切にしている価値観ならびに行動規範（前述した、例の「多様性」から始まる一連のものです）』の中には、きちんと『年齢による差別はしない』と謳ってあるのを拝見して、応募させていただいております」

このようにしっかりと担当者のプロフェッショナリズムにアピールすることを忘れずにしています。

多くの担当者が、私のこのような「念押し」に馬耳東風《ばじとうふう》であったとしても、中にはハッキリと「コウイチ、年齢は関係ないわ」と言ってくる採用担当者も少なからずいるのも事実なのです。

そんな彼女や彼のプロフェッショナリズムに対して私の熱意を訴えて、次のプロセスへと進めてもらうためにも、この「念押し」はとても大切なのです。

さて、めでたく「第一関門」を突破すると、「次なる関門」が待ち構えています。そしてそれこそが高齢の候補者にとって最大の難関となります。

前述したようにここ日本では「風習」として「定年制度」が一般化していますから、いくら採用担当者、とりわけ海外の担当者の多くが、私の「念押し」に対して気にしていないと言ったところで、問題は、実際に採用して働くことになるここ日本においての面接官や担当者なのです。

正直、こればかりはいくら私一人が「年齢差別だ！」「フェアじゃない！」「会社のバリューと違うではないか！」と叫んだところで、相手が考えを変えない限り、その訴えは意味を持ちません。その意味で、日本における「風習の持つ力」は厳然として力強いものがあります。まさに高齢の候補者にとって「敵は日本人（そして「風習」としての定年制）だ」といえます。

一方で、ここまで読み進まれたあなたなら、「確かに今まではそうだったかもしれないが、『ジョブ型』雇用制度が普及してきたら、それも変わるのでは？」と思われたかもしれません。

そう思いたいのは、すでに退職してしまった私にしても同じなのですが、残念ながらおそらく、この長く続いてきた「風習」は、ちょっとやそっとの変化ではびくともしないと私は思っています。

そうだとするならば、私としては、あなたには、これからは最大限の柔軟性を持って「相手に接する」ことの有効性を覚えておいてほしいのです。

具体的には、たとえその提示された新しい仕事が、「正社員」として「長期の雇用を前提とした採用」ではないとしても、あなたからは、たとえば「それでは業務委託契約での採用でも構いませんよ」とか、「1年ごと、いや無理なら半年単位で更新する契約社員だとしても、喜んでお引き受けいたします」といった具合に、とにかく、たとえ「こんなところ」だとしても「積極的に目の前のチャンスを貪欲に取りに行く姿勢」を見せてほしいのです。

いくら私たちが「正社員じゃなきゃ嫌だ」と言ったところで、「ウチの定年は60歳なので」と、そもそも入り口の段階で「いつものお断り」を言われたら、その時点で相手との交渉のチャンス（会話）はおしまいとなります。

私たちの「念押し」は「海外の担当者」には通じても、肝心のここ日本の担当者が、「風習」としての「定年制」を盾《たて》に、ウンと言わないことが多いのです。何を隠そう、この私の「応募が最終的にうまくいかなかった、ほぼすべての理由」はそこにあります。

それをなんとしても避ける意味で、ここは一つ「フレキシブルに行動する」ことにしましょう。そんな「名より実《じつ》を取る」アプローチへと、自分自身を上手に変化させることができて初めて、あなたの「定年いたしません！」はより現実味を増します。

くどいようですが、物事はすべからく「あきらめた時」（諦念）が「終わりの始まり」、すなわちそれこそが「停年」であり、実質的にあなたが「キャリアの本当の終焉《しゅうえん》を迎える」ことになると、私は考えています。

おわりに

定年の数年前の転職で……

「こんなところ、梅森さんの来るところじゃないですよ」

このセリフは、定年より数年前、とある会社へ転職をした初日に、引き継ぎをされる相手から開口一番に言われたものです。ついでにいうと、その際に彼女からは「今日で辞めることができて、ホントせいせいしたわ」とまで、文字通り「吐き捨てるような申し送り」を受けた記憶があります。

誤解のないように補足しておくと、引き継ぎをしてくれたその彼女と私は、同じ大手の外資系金融機関の出身者同士でした。もっとも私たちは、同時期に働いた経験はありませんし、同じ人事でも、就いていたポジションも違っていました。

とはいうものの、同窓のよしみからでしょうか、冒頭の「ちょっぴり過激な申し送り」をいただいたのは、彼女なりの私への「応援のエール」だったと、あえてよい方へと解釈をした記憶があります。

もっとも私にしてみても、正直に自分の気持ちを言えば「そもそもさほど期待していませんから大丈夫ですよ」というものでしたので、彼女が期待するほど、私がそれを聞いて落胆するようなことはありませんでした。

私にとっての同社は、前述した「ダークサイド・キャリア」の中での一社に過ぎませんでしたから、私が前任者から引き継いだそのオフィスが、窓一つなく、コピーマシーンがすぐ背中にあるといった、まさに作業・物置部屋そのものだったとしても、こちらにしても驚きはありませんでした。

それでも同社が、どのように前任者を扱ってきたのか、そして彼女がなぜそこまでの怒りを私にぶつけてきたのか、オフィスを見ただけでもその粗末な扱われ方は分かりました。

その会社では確かに、私や彼女が過去のブライトサイド・キャリアで経験した「働く仲間としてお互いに尊敬し、認め合う」というカルチャーは見当たりませんでしたから、彼女が落胆して怒る気持ちも分からないではありませんでした。

それでも、65歳の定年を数年後に控えた私にしてみれば、「こんなところ」でもなんでも、同社に就職できたのは少なくとも金銭的には大いに助かりました。

ですから、大概のことには目をつぶり、我慢をして過ごしていましたが、不幸中の幸いで、私のそこでの勤務期間の多くは「コロナ禍のまっただ中」でしたので、在宅勤務が奨励されていました。

よくテレビドラマで目にする、定年を前にした「追い出し部屋」そのもののオフィスであっても、コロナ禍のおかげで毎日出社する必要がなくなり、リモートワークができたのはとてもありがたいことでした。

「私に定年が突然やってきた」本当の理由——定年制度撤廃のための問題提起

この本のはじめに、「私に定年が突然やってきた」という表現をいたしましたが、もちろん人事の責任者である私が、自分の定年退職日がいつであるのかを知らないわけはありません。ですから、じつは私は退職日が来る1年前から、「あること」を人知れず行なっておりました。

それは、同社の本店がある米国の労務担当者との間での「定年制度撤廃もしくは延長について」のやり取りのことなのですが、この機会に差し障りのない範囲で、その時の様子をご紹介しておきたいと思います。

それは、私から「米国企業であるわが社の日本支店における、本店で禁止している年齢差別による『定年退職』の強要は、その規則や精神に反するのではないか」と問題提起をしたことから始まります。

先に私は、「年齢や性別、あるいは国籍など職務遂行に一切関係のない差別事項は撤廃するというのは、建前上の話だ」と述べましたが、それはこの本店担当者との、定年を前にした1年間に及ぶ「虚《むな》しいやり取り」の結果から来ています。

本書をお読みの方の多くは、おそらく今現在はどこかの日本企業にお勤めだと思いますので、「外資系企業における定年制度」、とりわけ「米国の大企業」の、日本支社における定年制度の実態がよくお分かりにならないと思います。そもそも、私自身、よく「えっ、米系企業ならそもそも『定年』なんてないんじゃないの？」と質問を受けるからです。

そのような驚きの質問に対して、私は「いや米系企業っていっても、ここ日本にある以上、定年という『年齢差別』はあるんですよ」と苦笑と共に答えたものでした。「私たちは外資系、しかも米系企業で働いているのに、これっておかしいよな」と思っていたものです。

ご存知の通り、日本の法律（労働基準法第89条）では、従業員が10名以上の場合には、必ず就業規則を作成し、届け出をしなければなりません。そして、その際に守らなければならない「絶対的必要記載事項」の一つとして、この「定年」を含んだ「退職に関する事項」があります。

ですから本来なら、その就業規則を作成した時点で、本国と同様に、「定年はなし」、すなわち「年齢差別はしない」としておけばよいものを、わざわざ同社を含めて多くの外資系企業の日本支社では、今なお、65歳ですらない60歳を「定年」と定めた上で、その後は「契約による雇用延長をする」としているのが実態です。

「日本独自の風習による定年制度」は、じつは本国からしてみても、本音の部分では「年寄りは雇いたくない」ことから、「それは現地の法律で認められている合法な『風習』である」とされているのです。

私の1年間に及ぶ訴えも、見事に「門前払いにあった」というのが、私が「突然定年を迎えた」その日から遡ること1年前からあったやり取りの結果だったのです。

ということで、その間の私は、「さすが米系企業は違うな、年齢差別は容認しなかった」と喜ぶ姿を妄想して「特に定年後の生活について準備をしていなかった」のがじつのところだったのです。

人生は最後の最後まで分からない

さて私に対して「こんなところ」と言った先の彼女ですが、じつは以前、私がその同じポジションを求めて面接した際に、最後まで残った候補者の一人だったことが、入社後に分かりました。

結局その際に選ばれなかった私は、別の会社へ就職したわけですが、なんのことはない、結局私より適任として選ばれた彼女は、半年も経たずに「こんなところ」を辞めることとなり、その時に惜しくも（?）落選した私にお鉢が回ってきたというのですから、何がどう転ぶのか「人生は最後の最後まで分からない」ものです。

私の採用には、これだけではなくさらに後日談が続きます。

じつは「こんなところ」の彼女は、私より年が若い方でしたし、また女性の幹部社員が少ない同社にとっては「願ってもない候補者だった」ことから、最初から「正社員として採用」されていました。

一方の私の場合はというと、いわゆる「次点からの繰り上げ当選者」で、しかも「もうすぐ定年を迎える、しかもおじさん候補者」ですから、採用する方から見れば「かなり見劣りする」「仕方なく採用する」候補者だったと思います。それが証拠に、私の採用は「1年契約社員」で「ボーナス込みの月給制」だったのが、そのすべてを物語っています。

ちなみに彼女にとって「こんなところ」であったとしても、ダークサイド・キャリアをひたすら転げ落ちる身の私としては「ありがたいポジション」だったのです。

もちろん前述したように、オフィス環境や人間関係は「お世辞にも素晴らしいとは言い難い」ものでしたが、それでも、最初の契約社員期間を満了した後は、口約束でしかなかった約束をきちんと守って「正社員として再雇用」もしてもらいました。

それに加えて（何しろ短い勤続年数でしたから、金額自体は少ないものですが……）正社員として「退職金」もいただき、「定年」のその日を迎える経験ができたのですから、私にとっては「まずまずのところ」だったといえます。

それもこれも、そんな私を支えてくれた、これまで出会った多くの上司・知人・同僚・部下、ならびに家族のおかげがあってのことなのは、今さら言うまでもありません。本当に感謝の言葉しかありません。

もし仮に、私が「一度ご縁がなかった会社だからイヤだ」とか、「こんなところ」の職場や人間関係に、前任者と同じようにただ腐ってしまっていたとしたら、人生でそう何度もないであろう「定年退職日」を迎えることはできなかったことでしょう。

前述した彼女が、最後につい吐露《とろ》してしまった「ホント～せいせいしたわ」と同じセリフを、1日も早く口に出して「定年を迎える日」を指折り数えている方も多いかと思います。

ただ、実際に「定年」してみるとお分かりになりますが、そんな「過ぎ去りし日」は、意外と悪いことばかりではなかったようです。

そんな思いにかられる私が、これまで披露してきた数々の「ジョブ型」キャリアにおける経験には、たとえその多くが「失敗談」だとしても、少なからずあなたの今後にお役に立てるものがあるはずだと、そう固く信じて上梓したのが本書となります。

前述したように、今日の私はまたどこかで、あなたと同様に元気にサラリーパーソンをしているかもしれませんし、ひょっとしたら「また求職中」なのかもしれませんが、そのいずれにしても私はこう決めているのです、「定年いたしません！」と。

本書の冒頭でご紹介したように、今の私は、この先の残り少ない人生を「予定」しておりますが、その日は未だ「確定」しているわけではありません。その日を急いで迎える気はありませんし、むしろそれまでの間にもし機会があれば、どこかでみなさんとご一緒できることがあれば、それは私にとって望外の喜びです。

なお、本書をまとめるにあたって、光文社新書編集部草薙麻友子氏には、文字通りひとかたならぬお世話になったことを付記します。

最後になりますが、みなさんの益々のご活躍とご多幸をお祈りして、ここに筆をおくことにいたします。

２０２４年８月の佳き日に

梅森浩一（うめもりこういち）

1958年生まれ。青山学院大学経営学部卒。米ミシガン大学で「上級人事エグゼキュティブ・プログラム」を修了。元青山学院大学経営学部非常勤講師。欧米の大手金融機関を中心に人事部長職を歴任。「ジョブ型」や「定年」問題を軸に、講演や著述、人事コンサルティングを行なう一方で、「京都かいらし堂」（https://kairashido.kyoto）の店主として活動中。ベストセラーとなった『「クビ！」論。』（朝日新聞社、のちに朝日文庫）など著書多数。近著に『「絶対」価値観。』（日経BP　日本経済新聞出版）がある。『「絶対」価値観。』ウェブテスト「バリュー・ファインダー」https://valuefinder.jp

定年《ていねん》いたしません！

「ジョブ型」時代の生き方・稼ぎ方

2024年8月30日初版1刷発行

著　者 ── 梅森浩一

発行者 ── 三宅貴久

装　幀 ── アラン・チャン

印刷所 ── 萩原印刷

製本所 ── ナショナル製本

発行所 ── 株式会社光文社
東京都文京区音羽1-16-6（〒112-8011）
https://www.kobunsha.com/

電　話 ── 編集部03（5395）8289　書籍販売部03（5395）8116
制作部03（5395）8125

メール ── sinsyo@kobunsha.com

　ISBN 978-4-334-10398-9

光文社新書

1292

日本のヴァイオリニスト

弦楽器奏者の現在・過去・未来

本間ひろむ

日本におけるヴァイオリン受容史から、「歴史的名器」をめぐる逸話、新世代の弦楽器奏者まで、「楽器に選ばれし者」の物語。【日本のヴァイオリニスト・ディスコグラフィ30】付録付き。

978-4-334-10198-5

1293

在宅緩和ケア医が出会った「最期は自宅で」30の逝き方

髙橋浩一

どこで、どのように過ごし、最期の時を迎えるか。希望をどう叶えるか。在宅緩和ケアに取り組んできた医師が紹介する、患者との出会いから看取《みと》りまでの数々のストーリーから学ぶ。

978-4-334-10199-2

1294

スカウト目線の現代サッカー事情

イングランドで見た「ダイヤの原石」の探し方

田丸雄己

育成の進歩、移籍競争の激化、データでの目利きなど、サッカー界の最前線で起きていることを英国で活動する若きスカウトが分析するとともに、謎に包まれたスカウトの仕事を語る。

978-4-334-10221-0

1295

創作者の体感世界

南方熊楠から米津玄師まで

横道誠

天才たちの仕事を読み解く鍵は、発達障害に通じる特性が握っていた？ 発達障害と診断された文学研究者が、自身の「感」と「知」で文献を渉猟。「障害」の意味を読み替える「当事者批評」実践の書。

978-4-334-10222-7

1296

大江健三郎論

怪物作家の「本当ノ事」

井上隆史

大江健三郎とは何者だったのか――。「奇妙な仕事」『万延元年のフットボール』『沖縄ノート』など、その作品世界を丹念に追うことで、いまだ明らかになっていない大江像を探る。

978-4-334-10223-4

1297

嫉妬論
民主社会に渦巻く情念を解剖する

山本圭

隣人が、同僚が、見知らぬ他人が羨ましい――。苦しく、みっともない感情にどうしてこうも振り回されるのか。人々を揺さぶる「厄介な感情」を政治思想の観点から多角的に考察。

978-4-334-10224-1

1298

漫画の未来
明日は我が身のデジタル・ディスラプション《破壊的変革》

小川悠介

スマホ向け漫画「ウェブトゥーン」の台頭に、絵を自動で描く「生成AI」の進化。デジタル時代に、漫画はどこへ向かうのか? 取材を重ねた記者が、経営・ビジネスの観点からその未来図を探る。

978-4-334-10225-8

1299

死なないノウハウ
独り身の「金欠」から「散骨」まで

雨宮処凛

失職、介護、病気など、「これから先」を考えると押し寄せる不安……。各界の専門家に取材し、役立つ社会保障制度などを紹介する、不安な人生をサバイブするための必須情報集!

978-4-334-10226-5

1300

〈共働き・共育て〉世代の本音
新しいキャリア観が社会を変える

本道敦子　山谷真名
和田みゆき

当事者インタビューで明らかになった、〈共働き・共育て〉を志向するミレニアル世代の本音、そして子育て中の男性の苦悩。当事者、そして企業が取るべき対策とは?【解説・佐藤博樹】

978-4-334-10249-4

1301

子ども若者抑圧社会・日本
社会を変える民主主義とは何か

室橋祐貴

変化の激しい時代に旧来の価値観で政治が行われ、閉塞感が漂う日本。先進諸国で若い政治リーダーが台頭している中、なぜ日本だけ変われないのか?・若者が参加できる民主主義を示す。

978-4-334-10250-0

1302

子どものこころは大人と育つ
アタッチメント理論とメンタライジング

篠原郁子

ボウルビィが提唱したアタッチメント(愛着)は、子どもにとって重要なすべての大人との間に形成されうる。心で心を思うこと《メンタライジング》をベースに、アタッチメント理論をわかりやすく解説する。

978-4-334-10251-7

1303

頭上運搬を追って
失われゆく身体技法

三砂ちづる

今の日本では失われつつある身体技法「頭上運搬」。沖縄や伊豆諸島ほか日本各地や海外にその記憶と痕跡を訪ねる。生活や労働を支えた身体技法と、自らの身体への理解や意識を考察。

978-4-334-10252-4

1304

定点写真で見る　東京今昔

鷹野晃

江戸・明治・大正・昭和――。東京はいかに変貌したのか。東京を撮り続けて40年の写真家が、「定点写真」という手法を用いて破壊と創造の首都を徹底比較。写真451点収録!

978-4-334-10253-1

1305

バッタを倒すぜ　アフリカで

前野 ウルド 浩太郎

世界中を飛び回り、13年にわたって重ねてきたフィールドワークと実験は、バッタの大発生を防ぐ可能性を持っていた! 新書大賞受賞、25万部突破の『バッタを倒しにアフリカへ』続編。

978-4-334-10290-6

1306

中日ドラゴンズが優勝できなくても愛される理由

喜瀬雅則

2年連続最下位でも視聴率と観客動員は好調。なぜ順位と人気は相関しないのか? 優勝の可能性は? 立浪監督はじめ多くのOBや関係者への取材を基にしたドラゴンズ論の決定版。

978-4-334-10291-3

1307
ダーウィンの進化論はどこまで正しいのか？
進化の仕組みを基礎から学ぶ
河田雅圭

『種の起源』刊行から一五〇年以上がたった今、人類は進化の仕組みをどれほど明らかにしてきたのか。世に流布する進化の誤解も解きほぐしながら、進化学の最前線を丁寧に解説する。

978-4-334-10292-0

1308
中高生のための「探究学習」入門
テーマ探しから評価まで
中田亨

仮説を持て、さらば与えられん！　アイデアの生み出し方、調査や実験の進め方、結果のまとめと成果発信、安全や倫理等を具体的にガイド。研究者の卵や大人にも探究の面白さを伝える。

978-4-334-10293-7

1309
世界の富裕層は旅に何を求めているか
「体験」が拓くラグジュアリー観光
山口由美

旅に大金を投じる世界の富裕層が求めるものは？　彼らの旅のスタンダードとは？　近年のラグジュアリー観光を概観し、安心や快適さではない、彼らが求める「本物の体験」を描き出す。

978-4-334-10294-4

1310
生き延びるために芸術は必要か
森村泰昌

歴史的な名画に扮したセルフポートレイト作品で知られ、「私」の意味を追求してきた美術家モリムラが、「芸術」を手がかりに「生き延びること」について綴ったM式・人生論ノート。

978-4-334-10295-1

1311
組織不正はいつも正しい
ソーシャル・アバランチを防ぐには
中原翔

燃費不正、不正会計、品質不正、軍事転用不正……。組織不正はなぜあとを絶たないのか――。気鋭の経営学者が、組織をめぐる「正しさ」に着目し、最新の研究成果を踏まえて考察する意欲作。

978-4-334-10322-4

1312
経営の力と伴走支援
「対話と傾聴」が組織を変える
角野然生

経営者との「対話と傾聴」を通じ、自立的な企業変革への道筋をつける「伴走支援」の枠組みを、第一人者の実践を基に示す。南山大学教授・中村和彦による、組織開発の視点での解説を収録。

978-4-334-10324-8

1313
英語ヒエラルキー
グローバル人材教育を受けた学生はなぜ不安なのか
佐々木テレサ
福島青史

英語で授業をするEMIプログラム。学部卒業生に日本語や承認の不安を覚える人が出ている。聞き取りを基に内実と問題点を提示。指導教員が多言語話者成長の苦悩と対策を解説。

978-4-334-10325-5

1314
ナショナリズムと政治意識
「右」「左」の思い込みを解く
中井遼

政治的な左右と結びつけられがちなナショナリズムの概念を政治学の知見と国際比較からとらえなおし、日本人の政治意識が世界においてどれだけ普遍的もしくは特殊なものであるか検討する。

978-4-334-10323-1

1315
電車で怒られた！
「社会の縮図」としての鉄道マナー史
田中大介

「バッグが当たってんだよ！」。時に些細なことで殺伐とする電車内。なぜ人は電車でイラついてしまうのか？「車内の空気」の変遷を丹念にたどり、その先にある社会までを見通す一冊。

978-4-334-10351-4

1316
なぜＢＢＣだけが伝えられるのか
民意、戦争、王室からジャニーズまで
小林恭子

大戦による「危機」、政権からの「圧力」、そして王室との「確執」まで――。報道と放送の自由のために、メディアは何と向き合ってきたのか？ 在英ジャーナリストと辿る「ＢＢＣの一〇〇年」。

978-4-334-10352-1

1317

「ふつうの暮らし」を美学する
家から考える「日常美学」入門

青田麻未

家の中の日常に「美」はあるか？ 椅子、掃除、料理、地元、ルーティーンを例に、若手美学者が冴えわたる感性で切り込む。「美学」の中でも新しい学問領域、「日常美学」初の入門書。

978-4-334-10353-8

1318

フランス 26の街の物語

池上英洋

フランスの魅力は豊かな個性をもつそれぞれの街にある――。美術史家が、人、芸術、歴史、世界遺産の観点から厳選した26の街を訪ね歩き、この国がもつ重層性と多面性を、新視点で綴る。

978-4-334-10354-5

1319

等身大の定年後
お金・働き方・生きがい

奥田祥子

再雇用、転職、フリーランス、NPO法人などでの社会貢献活動、そして管理職経験者のロールモデルに乏しい女性の定年後に焦点をあて、あるがままの〈等身大〉の定年後を浮き彫りにする。

978-4-334-10375-0

1320

日本の政策はなぜ機能しないのか？
EBPM《エビデンスに基づく政策》の導入と課題

杉谷和哉

データやファクトに基づき政策を作り、適切に評価する。当たり前のことのようで、これが難しい。その背景を公共政策学の知見から分析し、「政策の合理化」を機能させる条件を考える。

978-4-334-10376-7

1321

日本の古代とは何か
最新研究でわかった奈良時代と平安時代の実像

有富純也 編 磐下徹
十川陽一
黒須友里江
手嶋大侑 小塩慶

国家や地方は誰がどう支配していたのか？ 藤原氏は権力者だったのか？「唐風文化から国風文化へ」は本当？ 受領は本当に悪吏だったのか？…気鋭の研究者らが新たな国家像に迫る。

978-4-334-10377-4

光文社新書

1322
名画の力
宮下規久朗

名画の力とは、現場で作品に向き合ったときこそ発揮されるものなのだ——。伝統の力から現代美術、美術館まで。七つのテーマで美術の魅力をより深く味わう極上の美術史エッセイ。

978-4-334-10378-1

1323
旧統一教会 大江益夫・元広報部長懺悔録
樋田毅

この世に真実を語り残しておきたい——。その生い立ちから六〇年近く過ごした旧統一教会での日々、そして病を患ってからの心境の変化まで、元広報部長による人生をかけた懺悔。

978-4-334-10397-2

1324
定年いたしません！
「ジョブ型」時代の生き方・稼ぎ方
梅森浩一

「終身雇用」崩壊の時代、考えておくべき定年前後のライフプラン。自身が定年を迎えた人事のプロが、現実を前に、ジョブ型転職や給与、65歳からの就活について余すところなく解説！

978-4-334-10398-9

1325
なぜ地方女子は東大を目指さないのか
江森百花　川崎莉音

資格取得を重視し、自己評価が低く、浪人を避ける——。地方と女性という二つの属性がいかに進学における壁となっているのか。現役東大女子学生による緻密な調査・分析と提言。

978-4-334-10399-6

1326
しっぽ学
東島沙弥佳

ヒトはどのようにしてしっぽを失った？　しっぽにどんな思いを馳せてきた？　しっぽを知って、ひとを知る——。文理を越えて研究を続けるしっぽ博士が、魅惑のしっぽワールドにご案内！

978-4-334-10400-9